ELOGIOS P...

ROJO ES EL NUEVO VERDE

«Elictia ha realizado un trabajo increíble entretejiendo a la perfección las historias provenientes de sus años delante de la cámara con los valores cristianos que guían su vida. Crecimos juntos, trabajando, aprendiendo, subiendo la escalera del mundo de las comunicaciones, y compartiendo los buenos momentos vivificantes y los malos momentos desgarradores que este negocio proporciona de forma regular. Me sorprendió cuando Elictia dejó la televisión, siempre pensé que volvería, pues era muy buena en su trabajo. Sin embargo, ahora entiendo que ella redefinió el propósito de su vida, y este libro puede ayudarte a redefinir el tuyo».

—Kevin Frazier, copresentador, *Entertainment Tonight*

«Elictia me impresionó mucho durante nuestra primera entrevista/reunión hace ya muchos años. Realmente, en ese entonces pensé que con un apoyo y una orientación equilibrados iba a ser extremadamente exitosa en la vida. Elictia tiene un increíble don de comunicación, tanto en persona como por escrito. Este don se percibe con claridad en su libro, *Rojo es el nuevo verde*. Su capacidad para ayudar a otros a construir una autoestima positiva, creer en sí mismos y perseguir sus sueños resulta muy evidente a lo largo de las páginas. ¡Creo que los lectores potenciales se beneficiarán al elegir este gran libro!»

—Roy Hamilton, antiguo vicepresidente de talento
    y desarrollo de FOX Sports

«Esta mañana comencé a leer *Rojo es el nuevo verde*, el libro de la pastora Elictia. Mi intención era hojearlo brevemente para escribir una recomendación. ¡En cambio, el Espíritu Santo me secuestró! Al igual que Rut, me encontré *de casualidad* con el campo que "pertenecía a Booz". Al igual que Jacob, me desperté en cierto lugar que resultó a ser "la puerta del cielo". Este libro me habló profundamente en mi propio viaje personal. Espero que haga lo mismo con todos los que lo lean».

—Obispo Joseph L. Garlington, Sr., pastor fundador
    de Covenant Church de Pittsburgh; obispo presidente de
    ¡Reconciliación!, una red internacional de iglesias y ministerios

«La sabiduría práctica de este libro bellamente escrito, extraída de la experiencia personal de Elictia así como también de la experiencia de los personajes de la Biblia, hace del mismo un tesoro para leer y abrazar. Elictia ha escrito una verdad que resulta fácil de entender, pero que es lo suficiente poderosa como para transformar nuestro enfoque de las experiencias de la vida. *Rojo es el nuevo verde* nos muestra cómo "nuestros momentos rojos pueden convertirse en verdes si confiamos en Dios y aceptamos nuestro destino divino", demostrando que el rojo es verdaderamente el nuevo verde».

—Drs. Andre y Jenny Roebert, fundadores y copresidentes
de Faith Broadcasting Network

«La pastora Elictia Hart tiene la capacidad de ser una persona franca y directa (profética), aunque también compasiva (pastoral), y en su nuevo libro, *Rojo es el nuevo verde*, su forma de usar las palabras (predicadora) trae un mensaje que es necesario para muchos hoy. ¡Su amor por la gente, la iglesia y Dios brilla a través de cada página! Este libro no solo te animará e inspirará, sino que llevará a cada lector a otro nivel en la vida. Jesús dijo vayan y Elictia está de acuerdo. Debemos ser personas de acción, convirtiendo cada cosa negativa en algo positivo. ¡Una gran lectura!».

—Peter Mortlock ThD, pastor principal, City Impact Churches,
Nueva Zelanda

«La pastora Elictia Hart arroja luz sobre cuál es la verdadera naturaleza del plan de Dios para nuestras vidas. En la cultura en que vivimos, la "corrección política" de nuestros tiempos ha ensombrecido la pureza de la Palabra de Dios, pero Elictia lo hace bien. La nueva normalidad es el rojo. La sangre, la cruz, su poder y autoridad. Siéntete animado por este oportuno libro y prepárate para acelerar. ¡El rojo significa adelante!».

—Judy Jacobs, líder de adoración, copastora, autora

«Las personas especiales generalmente producen productos especiales y Elictia pertenece a una categoría única de personas especiales. El uno por ciento de los individuos que ocupan la cima del éxito en el mundo se encuentra ahí por disciplina, compromiso, pasión, conocimiento y creatividad. Como figura pública, oradora y autora, Elictia se ha ganado su lugar para guiar, dirigir, asesorar y desarrollar a la gente. Su libro no solo resulta inspirador, sino que constituye la realidad de toda persona exitosa».

—Obispo Tudor Bismark, Sr., pastor de
New Life Covenant Church, Zimbabwe;
fundador de Jabula New Life Ministries International

«¡La pastora Elictia Hart captura brillantemente la esencia de las palabras que muchos necesitamos en el cuerpo de Cristo hoy! El enemigo usa muchas cosas, como el miedo, que provienen de una variedad de gigantes o LUCES ROJAS destinadas a impedir que cumplamos nuestro propósito. Sin embargo, al meditar en las palabras de *Rojo es el nuevo verde*, las cuales hacen eco de la verdad de Dios presentada en la Biblia, descubrirás que tus mayores victorias están más allá de tus miedos y tus momentos de luz roja. Disfruta de esta gema de la pastora Elictia y permite que el Espíritu Santo transforme todas tus luces rojas en triunfales victorias verdes».

—Kevin y Chantell Davis, pastores principals de
River East London, Sudáfrica

—ROJO—
ES EL NUEVO VERDE

—ROJO—
ES EL NUEVO VERDE

Redefinir el rojo cuando soñamos

ELICTIA HART

Vida ®

La misión de Editorial Vida es ser la compañía líder en satisfacer las necesidades de las personas con recursos cuyo contenido glorifique al Señor Jesucristo y promueva principios bíblicos.

ROJO ES EL NUEVO VERDE
Edición en español publicada por
Editorial Vida – 2019
Nashville, Tennessee

© **2019 por Editorial Vida**
Este título también está disponible en formato electrónico.

Editora en Jefe: *Graciela Lelli*
Traducción: *Ana Belén Fletes Valera*
Adaptación del diseño al español: *Grupo Nivel Uno, Inc.*

ISBN: 978-0-82976-966-1

CATEGORÍA: Religión / Vida cristiana / Crecimiento espiritual
IMPRESO EN ESTADOS UNIDOS DE AMÉRICA
PRINTED IN THE UNITED STATES OF AMERICA

19 20 21 22 23 24 LSC 9 8 7 6 5 4 3 2 1

Este libro está dedicado a mi Señor y Salvador, Jesús.
Mientras lo escribía, le hablé y le dije: «Señor, este es
TU libro. Te ruego que lo uses para cambiar vidas».

A mi gran amor, Jim. La vida contigo es cada
día más maravillosa. Gracias por quererme.
¡Micah y Jemma, son mi mayor alegría! ¡Mamá
aprende mucho con ustedes todos los días!

Y a ti, lector. Espero y deseo que te encuentres a ti mismo en
sus páginas. Que consigas apreciar los obstáculos que la vida
pone en tu camino y entiendas que se pueden transformar
en grandes victorias. ¡Ojalá tu viaje te ayude a redefinir!

CONTENIDO

PRÓLOGO

Cuando decimos que alguien ha redefinido una palabra, un concepto o un papel, queremos decir que la reinterpretación que hacen de ello es tan única que cambia nuestra manera de entenderlo. Y eso es justo lo que ha hecho mi amiga, hermana en Cristo y pastora como yo, Elictia Hart. En su libro, *Rojo es el nuevo verde*, ella repasa esos momentos en los que nos sentimos tentados a parar en seco y luego a salir corriendo en dirección contraria (rojos) y los transforma en oportunidades para crecer en nuestra fe y fortalecer el carácter (verdes). ¡Y no se me ocurre nadie mejor calificado para redefinir ese cambio de color/actitud que Elictia!

Como exitosa presentadora de televisión, Elictia sabe bien la presión que se siente cuando se enciende la luz roja. Para ella significaba que la cámara había empezado a grabar en directo y —estuviera preparada o no— su imagen aparecía en las pantallas de millones de televidentes en todo el mundo. Mantener la calma y la seguridad de uno mismo en esos momentos no es fácil, y hay quien recomienda «fingir hasta que se lo crean», es decir, intentar dar la imagen de que tienes todo bajo control aunque te sientas de esa forma o no.

Sin embargo, Elictia nos enseña a «tener fe en que lo vamos a conseguir», a dar un paso al frente con fe y confiando en Dios, sin dejar que nuestros sentimientos nos impidan lograr todo lo que estamos llamados a hacer en la vida. Ella nos recuerda que es precisamente en esos momentos en los que nos sentimos débiles cuando debemos confiar más en Dios. La Biblia está llena de ejemplos en los que el pueblo de Dios tuvo que enfrentarse a situaciones de «luz roja», o en el caso de Moisés, al mar Rojo.

Al igual que ocurría entonces, esas situaciones llevan nuestra fe al límite y no nos dejan más opción que confiar en Dios. Sin embargo, según Elictia señala, en realidad sí tenemos otras opciones, como quedar atrapados en nuestros miedos, inseguridades, angustias y la incapacidad de tomar el control de nuestra vida o resolver nuestros problemas. No obstante, como creyentes en Jesucristo, sabemos que él es capaz de transformar todos nuestros errores, equivocaciones y esperanzas no cumplidas en oportunidades para la redención. De modo que sí tenemos opción: podemos pelear o salir huyendo, o podemos demostrar nuestra confianza en Dios.

Al ver a Elictia dejar su exitosa carrera como presentadora de televisión para dedicarse a ser esposa, madre y pastora, sé que ella definitivamente ha aprendido a confiar aún más en Dios. Sé que Elictia predica con el ejemplo y pone el mismo empeño que solía dedicar a su carrera en mantener a la vanguardia su amor por Dios, su familia y el ministerio.

Los muchos ejemplos que señala en la Biblia, así como el suyo propio, son una inspiración para todos nosotros. Independientemente de a qué te enfrentes o en qué punto de tu vida te encuentres, ten por seguro que vivirás muchos momentos de estos. No obstante, tal como Elictia nos muestra en este maravilloso libro, todos tenemos opciones como respuesta. Por grande que sea la tentación a ceder al pánico, salir corriendo o pelear, ella nos obliga a ser conscientes de que esos momentos tal vez sean la puerta al conocimiento que estábamos buscando. ¡Si estamos dispuestos a seguir el camino de la fe y confiar en Dios a cada paso, al igual que Elictia, podremos experimentar la alegría de *Rojo es el nuevo verde*!

Samuel Rodríguez

PRESIDENTE DE LA CONFERENCIA NACIONAL
SOBRE LIDERAZGO CRISTIANO HISPANO
PASTOR PRINCIPAL, NEW SEASON

CAPÍTULO 1

ROJO ES EL NUEVO VERDE

REDEFINIR EL ROJO CUANDO SOÑAMOS

Todos tenemos un sueño oculto que podemos hacer realidad si tenemos el valor de reconocerlo.

—Julia Cameron

¿Qué rayos estaba haciendo? ¿Por qué se me ocurrió siquiera que podría hacer eso? Y lo que es aún una mejor pregunta: *¿Cómo* sería capaz de salir del atolladero? ¿Y si me quedaba muda delante de la cámara?

—¡Prepárate, Elictia! ¡Te toca en... cinco!

Asentí con la cabeza y me coloqué bien el micrófono inalámbrico que tenía en la mano sudada. ¿Me habría puesto la ropa adecuada?

1

ROJO ES EL NUEVO VERDE

¿Hubiera sido mejor ponerme la blusa azul? ¿Se notaba que estaba muerta de miedo? ¿Todavía iba bien maquillada?

—¡Cuatro!

El corazón me retumbaba dentro del pecho como una taladradora. Intenté tragar, pero tenía la boca seca y me entraron ganas de vomitar del miedo. Oré en silencio: *¡Por favor, Señor, ayúdame a pasar por esto. Yo no puedo, pero sé que tú sí!*

—¡Tres!

Recompuse la postura y el ángulo de la cabeza y sonreí, no con una mueca exagerada, sino con una expresión amable y profesional, segura de mí misma. Carraspeé para aclararme la voz una última vez. Por lo menos tenía voz, después de todo.

—¡Dos!

¡Ay, Dios, quédate conmigo! Estaba a punto de presentarme en directo ante varios cientos de miles, es posible que más de un millón, de televidentes por primera vez en mi vida. Todas las clases en la universidad, los ensayos de los que había perdido la cuenta y los montones de segmentos grabados no eran más que un recuerdo ya. Fui consciente, con la mirada fija en el enorme ojo de la cámara, de que en cuestión de un segundo me verían en casas, apartamentos, gasolineras, escuelas, hospitales y oficinas de la zona de Tri-Cities al noroeste del Pacífico. Estaba a punto de entrar en la vida de todos esos televidentes para hablarles sobre... *¿de qué se trataba mi segmento?*

Silencio. El camarógrafo que me hacía señas dobló el último dedo y la luz roja de la cámara se puso más roja que la nariz del reno Rudolph. *¡Respira, tú respira!*

—Gracias, Bob —dije mirando a la cámara—. Como ven, me encuentro ahora mismo en Yakima, en las afueras de la ampliación del aeropuerto recientemente...

A partir de ahí, no sé muy bien cómo, pero seguí hablando. En aquella época, los reporteros no llevaban teléfonos inteligentes, tabletas ni cosas como esas cuando daban una noticia en directo. A veces anotábamos algún nombre o citas directas, pero en general memorizábamos la historia que presentábamos. Cuando se terminaron los sesenta segundos de emisión, el camarógrafo me hizo la señal de que entraba la pieza que habíamos grabado por la mañana ya editada.

—Veamos cómo ha quedado la nueva terminal por dentro.

Mientras presentaban el reporte grabado en el que se me veía recorriendo las puertas de embarque de la terminal del aeropuerto de Yakima, intenté relajarme y respirar con normalidad, sabiendo que exactamente sesenta segundos después volvería a salir en directo para cerrar el segmento informativo. Lo único que tenía que hacer era pronunciar las dos últimas frases que había escrito y memorizado, decir mi nombre y regresar la trasmisión al plató de televisión. Y aparentemente lo hice, aunque si te digo la verdad, no me acuerdo de nada más que de la luz roja en la parte superior de la cámara.

Acababa de aprender que, al contrario de todo lo que me habían enseñado desde pequeña, tendría que redefinir el significado del color rojo.

BUSCANDO MI GUION

Casi treinta años después, al echar la vista atrás, sigo recordando lo nerviosa que estaba aquel día y cómo el Señor me ayudó a superar la prueba. Sé que mi primer reportaje en directo estuvo lejos de ser perfecto, pero por alguna parte tenía que empezar. Todo el mundo en este negocio me había dicho que lo mejor para ganar confianza es la experiencia. Como consejo sonaba bien, hasta que descubrí cuál era mi problema... ¡yo no tenía ninguna! De hecho, en aquella época no sabía siquiera que deseaba ser reportera.

¿Conoces a esas personas que siempre han sabido que quieren ser médico, enfermera, profesor, abogado o artista? Bueno, pues yo no era una de ellas. No tenía ni idea de lo que quería ser. Crecí en la zona del noroeste del Pacífico y no quise alejarme de casa, así que estudié en la Universidad de Washington. (¡Vamos, Huskies!). Lo único que aprendí durante los primeros años de universidad fue a dejarme llevar por la corriente. No tenía una idea clara de cómo sería mi vida adulta, así que me limitaba a estudiar y preguntarle al Señor: «¿Qué clases serán las más adecuadas? ¿Qué especialidad debería explorar?».

Al llegar a tercer año, finalmente tuve que elegir la especialidad. Yo seguía sin tener claro del todo lo que deseaba hacer entonces y sinceramente creo que Dios me puso en la dirección correcta cuando me dieron el trabajo en el *Seattle Times*. Pensé: *¡Fantástico! La prensa es un mundo muy emocionante, y a mí me encanta escribir. Será divertido.*

Solo que no fue así.

Después de un tiempo, me di cuenta de que *no* quería dedicarme al periodismo escrito. No iba bien conmigo. La presión constante de escribir, corregir y dejar cada artículo perfecto para la publicación no se acababa nunca. Y los mejores corresponsales del periódico se convertían en víctimas de su propio éxito y cada vez tenían que escribir artículos más largos. La energía, el ritmo, toda la actividad en sí no se adecuaba a mi forma de ser.

Después de aquella decepción, me daba miedo buscar otro trabajo en los medios de comunicación, pero no pude negarme cuando me ofrecieron realizar unas prácticas en KOMO-TV, la filial de la cadena ABC en Seattle. Nada más entrar en aquella sala de redacción, me sentí como en casa. La gente se movía de un lado para otro, los teléfonos no dejaban de sonar, se oía el repiqueteo de los teclados, y los editores gritaban instrucciones de último minuto a reporteros y cámaras antes de salir disparados a cubrir las noticias más novedosas.

Justo en ese momento, la mujer que me estaba enseñando la redacción me pidió que la esperara mientras se ocupaba de un asunto relacionado con una noticia de última hora que requería su atención inmediata. Me quedé allí, mirando cómo todo se movía a cámara lenta, mientras pensaba: *¡Esto es! ¡Esto es lo que quiero hacer!* Sin embargo, casi al mismo tiempo me pregunté si tendría lo que hacía falta para ser reportera o era un «talento», como los demás integrantes del equipo del estudio les llamaban a los reporteros o presentadores de noticias.

A la semana siguiente emprendí el viaje que me llevaría a descubrirlo. Agradecida por aquellas prácticas tan alucinantes durante un internado en una estación de televisión, no decía que no a ninguna tarea y antes de que me diera cuenta me encontré trabajando a un ritmo frenético tras las bambalinas. Empecé contestando al teléfono, tomando notas en las reuniones, preparando los guiones a los que recurrirían los presentadores en caso de que no funcionara el teleprónter, y realizando las labores más tediosas que los trabajadores veteranos no hacían. ¡Se me daba bien y disfrutaba cada minuto! (En la actualidad, la mayoría de las cadenas utilizan iPads o cualquier otro dispositivo electrónico para los guiones).

No obstante, yo sabía que tenía que correr el riesgo si quería descubrirlo.

EL ROJO SIGNIFICA ADELANTE

Cuando las prácticas se convirtieron en un trabajo de jornada completa, mi sueño de convertirme en reportera se hizo realidad. Creo que la semilla de aquel sueño ya estaba dentro de mí, y el hecho de trabajar en aquel ambiente hizo que germinara. Mientras más aprendía, más segura estaba de que aquello era lo que Dios quería que hiciera en esa época de mi vida. Seguía poniéndome nerviosa, sobre todo en las primeras ocasiones en que intentaba algo: la primera vez que salí en vivo, la primera vez que hice una entrevista en directo, la primera vez que tuve que improvisar; sin embargo, me di cuenta de que el crecimiento viene con la experiencia. Y la experiencia solo llegaría a base de nervios y equivocaciones.

Durante aquella etapa de crecimiento, mientras mi sueño iba madurando, me quedé asombrada al comprender que Dios utilizaba a los demás a fin de darme ánimos y hacer que mi sueño se fortaleciera. Después de trabajar un tiempo como «reportera independiente» para la cadena en la que había hecho las prácticas, comencé a subir peldaños realizando diversas funciones que me proporcionaron una experiencia única en el mundo del periodismo televisivo. Trabajé como productora de campo, guionista de noticias, verificadora de información, editora de videos y recopilando datos económicos en los mercados de valores. Finalmente, comencé a ganar experiencia en el trabajo en directo en una cadena de televisión de Kansas, una práctica valiosísima que me ayudó a sortear las dificultades de dicha tarea y a que me sintiera cómoda delante del parpadeante ojo rojo de la cámara. Al cabo de un par de años de un lado para otro, preparé una cinta con una selección de mis mejores trabajos y me contrataron para presentar los deportes del fin de semana en una cadena de televisión en Misisipi.

Mitch, el director de la sección de deportes, fue uno de los jefes que más influyeron en mí de todos los que he tenido el gusto de conocer a lo largo de mi carrera. Cuando me hicieron la entrevista, no sabía que Dios me estaba enviando a un hombre devoto como jefe, pero Mitch siempre predicaba la Palabra del Señor cuando estaba conmigo, a veces literalmente, y en otras ocasiones a través de sus palabras y actos.

Mitch siempre me animaba de una manera que me ayudó a moldearme como reportera y me permitió alcanzar mi sueño y mi futuro. Recuerdo que una vez nos encontrábamos transmitiendo en vivo a las cinco de la tarde y empecé a ponerme nerviosa debido a que había una tormenta. No solo tenía delante la lucecita roja de la cámara, sino que también tuve que lidiar con el viento y la lluvia que me azotaban el rostro y el cuerpo. Aunque mi vida no corría ningún peligro, estaba distraída, enfadada y molesta. La primera toma la hice más o menos, pero me temblaba todo el cuerpo y empecé a tener dudas de mí misma.

Tras mi actuación, que distaba mucho de ser perfecta la primera vez, Mitch llamó antes del segundo segmento en vivo que tendría lugar a las seis y le dijo a mi fotógrafo que me conectaran con él directamente. De repente, no lo veía, pero sí lo oía. «Elictia», me dijo con aquel fuerte acento sureño suyo. «Escúchame: esta es *tu* temporada, estás en el lugar perfecto en el momento perfecto. Dios ha querido que estés ahí. Así que haz el programa en vivo sin pensar en nada ni en nadie más. ¡No dejes que este tiempo te afecte!».

Con esos ánimos, cuando llegó el momento de presentar el programa de las seis, me sentía dispuesta a «bailar y danzar» en medio de la tormenta, e hice un trabajo excelente. Gracias a Mitch, su aliento y a que me recordó que Dios tenía la situación bajo control, conseguí sentirme capaz de hacer cualquier programa en vivo sin dejar que me afectara lo que estuviera pasando a mi alrededor. Después de aquel momento de aprendizaje, me veía haciendo segmentos más largos. Comprendí que estaba dejando que las circunstancias externas —el mal tiempo en este caso— influyeran en mi actitud. Sin embargo, visualizarme avanzando hacia mi sueño al perseverar en la adversidad marcó un antes y un después.

Ver una luz roja no significa que tengas que detenerte.

Significa únicamente que tienes que dejar que el Señor te guíe.

Lo que me lleva de nuevo a ti, lector. Sé que si estás leyendo esto ahora mismo no es por casualidad. Este libro ha llegado a tus manos por un motivo. Es un privilegio para mí compartir humildemente parte de mi viaje con la esperanza de que aprendas de mi experiencia y comprendas cómo Dios ha obrado en mi vida.

He aprendido que no hace falta ponerse delante de una cámara de televisión para encontrarse con esa clase de momentos que ayudan a «redefinir el rojo». Todo el mundo los tiene, muchas veces más de lo que nos gustaría. Momentos de temor en los que nos parece que el rojo tiene el color de la sangre. Situaciones en las que una chispa roja de posibilidad representa la desesperación por la provisión del fuego. Lugares en los que nos sentimos perdidos, percibiendo unos reflectores rojos en una carretera desierta. Momentos que nos atormentan con la letra escarlata de la vergüenza cuando las circunstancias pasadas intentan apartarnos de nuestro camino.

Como ves, redefinir el rojo significa solo que hay que estar «preparado» cuando la cámara se encienda. La misma estrategia es aplicable cuando nos enfrentamos a los desafíos más exigentes y los desastres más devastadores de la vida. Cuando nos enfrentamos a uno de esos momentos rojos de la vida, es posible que nos sintamos tentados a permitir que el miedo, la duda, la incertidumbre y la ansiedad nos paralicen, nos bloqueen. Sin embargo, cuando nos enfrentamos a uno de esos momentos rojos, no se puede retroceder, permanecer agachado o mantenerse al margen. Cuando la luz roja se presenta ante uno en la vida para señalar algo inesperado, desafiante y aterrador, lo que hay que hacer es dar un paso al frente con fe y avanzar hacia el Señor. ¡Las luces rojas de la vida deberían parecernos verdes para que salgamos corriendo a los brazos de nuestro Padre!

Dios nos dará su poder para abrirnos paso en los momentos de debilidad y su fuerza para apoyarnos en él cuando no podamos continuar. El apóstol Pablo conoció esta clase de ayuda divina en carne propia. Al parecer, Pablo tenía un problema que según él era como «una espina [...] clavada en el cuerpo» (2 Corintios 12.7), su propia luz roja. Oró con fervor durante días para que el Señor le arrancara aquella espina, hasta que él le dijo por fin: «Te basta con mi gracia, pues mi poder se perfecciona en la debilidad» (v. 9).

ALERTA ROJA

A lo largo de este libro exploraremos una gran variedad de momentos que nos ayudan a redefinir el rojo, extraídos de las vidas y los ejemplos de héroes de la Biblia. Con cada uno de ellos, descubriremos que nuestros momentos rojos pueden convertirse en verdes si confiamos en Dios y aceptamos nuestro destino divino. ¡El rojo es en verdad el nuevo verde! Si confiamos en nuestro propio poder, puede que sintamos la tentación de ceder al pánico, darnos por vencidos o perder la esperanza. No obstante, cuando corremos hacia el Señor y confiamos en él, recibimos un poder nuevo reservado para sus hijos.

Podemos confiar en que Dios nos encontrará allá donde estemos. Su gracia, su misericordia, su fuerza y su poder están siempre disponibles para nosotros en los lugares más insospechados: cuando tenemos que hacerle frente a una enfermedad o una lesión, cuando perdemos el trabajo, cuando nos traicionan, o cuando tenemos que lidiar con las consecuencias de nuestros errores. Esos momentos rojos no pueden arrebatarnos la riqueza de la gloria celestial de nuestro Padre. Cuando sientes que estás al límite y contra la pared es cuando puedes confiar en que Dios no solo te sostendrá, sino que te estrechará contra su pecho.

Son muchas las personas que desconocen por completo hasta dónde son capaces de llegar y lo que Dios tiene preparado para que logren con su ayuda. Lamentablemente, con frecuencia esperan hasta que se encuentran ante la pérdida más grande o el revés más doloroso a fin de echar mano de los recursos necesarios para sobreponerse al desastre, tanto propios como provenientes del Señor. Sin embargo, esas situaciones graves que requieren nuestra atención (como cuando se agita una bandera roja) a veces se convierten en fantásticas oportunidades (de esas que se escriben en rojo para no olvidarlas), las cuales fortalecerán nuestros músculos espirituales y nos proporcionarán las herramientas necesarias para alcanzar mayores objetivos por delante.

Sé de primera mano que si Dios pudo ayudarme a mí, puede hacer lo mismo contigo. Para alcanzar su grandeza y entrar en su reino, lo único que necesitas es querer hacerlo. ¡Una de las cosas que aprendí rápidamente sobre el talento para hacer periodismo en vivo fue que en muchas ocasiones te tocará improvisar! Con las noticias de última hora, por ejemplo, la mayoría de las veces no tienes tiempo para informarte por adelantado con el fin de desarrollar los puntos principales o documentar la historia. Lo único que podía hacer era estar dispuesta a pensar sobre la marcha, hacerlo lo mejor posible y seguir adelante.

En la vida también hay que improvisar a veces. Tenemos que continuar avanzando con fe cuando no sabemos lo que nos espera más adelante o cómo llegaremos allí. Sin embargo, tal como vemos en no pocos ejemplos de la Biblia, Dios disfruta usando a personas con pocas posibilidades de ganar. No es necesario que puedas arreglártelas bien solo, tener la experiencia suficiente o llevar una vida perfecta para que Dios te ayude, te dé fuerzas y se regocije contigo. Dios es quien pone ese sueño en tu interior y quiere ayudarte a lograr que crezca. Y lo más asombroso de todo es que este proceso de crecimiento es la manera que tiene de transformar la adversidad en el fertilizante con el cual alimentar tus sueños hasta que estén preparados para florecer.

UN SUEÑO HECHO REALIDAD

Aunque son muchos los soñadores que aparecen en la Biblia, hay uno en particular que siempre me recuerda que Dios nos pone a prueba para hacernos más fuertes. Considera a José, el hijo de Jacob, nieto de Isaac y bisnieto de Abraham. Puedes leer la historia sobre aquel al que la Biblia llama «el soñador» en Génesis, capítulos 37 al 50.

José acababa de cumplir los diecisiete años cuando Dios puso sueños en su cabeza, dos para ser exactos. En ellos, le mostraba que su familia lo honraría como un poderoso líder y que incluso fuera de su país se inclinarían ante su persona. Los hermanos de José ya tenían celos de él, porque era el menor y el favorito de su padre. Así que cuando les contó su sueño, quisieron matarlo. Y estuvieron a punto de hacerlo. Sin embargo, al final decidieron venderlo como esclavo.

¡Vaya manera de comenzar!

¿Alguna vez has sentido que estabas muy lejos de cumplir tus sueños? ¿Como si no vieras posibilidad alguna de poder alcanzarlos en medio de todo lo que estás experimentando? Tranquilo, incluso aquellos que han terminado cumpliéndolos se han sentido alguna vez así. Resulta tentador dejarse llevar por la negatividad y si no se cumplen rápidamente, asumir: «Ah, bueno, no es más que eso, un sueño. Jamás ocurrirá, así que será mejor que me dé por vencida y me dedique a otra cosa».

Seguro que José también se preguntó si sus sueños se harían realidad algún día mientras salía de una horrible circunstancia para entrar en otra peor. Pasó trece años afrontando las consecuencias de la traición de sus hermanos. Y por si eso fuera poco, la mujer de su patrón le tendió una trampa y terminó en la cárcel. Seguro que no nos equivocamos al pensar que en algún momento José tuvo que sentir que se le estaba escapando algo, que sus sueños jamás se cumplirían, que no eran más que productos de su imaginación en medio de su estrepitosa llegada a Egipto en calidad de preso. Las circunstancias que lo rodeaban eran diametralmente opuestas a lo que él había soñado.

¿Y tú? ¿Tienes la sensación de ir en la dirección de tus sueños, que estás cerca de conseguir lo que Dios plantó en tu corazón? ¿Siente que tus sueños están en Miami y vas haciendo autostop desde Seattle? O dicho de otra forma, ¿te encuentras tan lejos de que tus sueños se hagan realidad que te parece que los has perdido de vista por completo? ¿Y qué tal si ciertamente llegarás a tu destino, solo que no por el camino más directo, el que habías planeado?

José no vio sus sueños hechos realidad hasta que cumplió los treinta. Fue entonces cuando el faraón, que no dormía bien, se dio cuenta de la habilidad que tenía José para interpretar los sueños. Él le explicó lo que el futuro le tenía reservado a juzgar por sus sueños: siete años de abundancia seguidos de siete años de hambruna. El faraón se quedó tan impresionado con aquel preso judío que lo nombró su segundo al mando, responsable de preparar a su pueblo para la hambruna que estaba por llegar.

Y cuando esta se presentó, ¿adivinas quién llegó arrastrándose hasta Egipto buscando comida? ¡Los hermanos de José! Al principio no lo reconocieron, y él se divirtió un rato antes de revelarles la verdad. Sin embargo, los perdonó, porque por fin se daba cuenta de que Dios había transformado todas las circunstancias terribles de su vida en trofeos de la gracia de Dios. Como José les explicó: «Es verdad que ustedes pensaron hacerme mal, pero Dios transformó ese mal en bien para lograr lo que hoy estamos viendo: salvar la vida de mucha gente» (Génesis 50.20).

ESCUCHA

José nos recuerda a todos que Dios cumple sus promesas. Si Dios quiso que tuvieras un sueño, como José, él hará que se cumpla. Nadie puede impedir que ocurra excepto —y presta atención a esto— nosotros mismos, tú y yo. Eso es cierto. Nosotros somos los únicos que podemos impedir que se cumplan los sueños que Dios nos ha dado. Así que debemos esforzarnos al máximo y comportarnos en nuestra vida como indica la Palabra de Dios. Entonces podemos contar con Dios para hacer lo que ha prometido. En la Biblia, nos dice que su Palabra nunca volverá a él vacía, sino que se cumplirá sus deseos y propósitos (Isaías 55.11, paráfrasis). ¡Vaya! Lo que quiere decir es: «Si yo lo digo, así será». ¡Cuán asombroso es esto!

Igual que decidió los sueños que habrían de realizarse en el caso de José, Dios hace lo mismo con el resto de nosotros. Es posible que nos lo indique de distintas formas. Tal vez nos lo haga ver mientras dormimos, igual que hizo con José. Con los años, Dios me mostró sueños que tuve el placer de ver cumplidos. Es realmente asombroso tener un sueño y ver cómo se hace realidad delante de ti.

A veces, Dios hace que tengamos visiones. En esas situaciones, la mejor manera que conozco de describir la experiencia es diciendo que te encuentras despierto, pero a la vez estás soñando. Otra manera de revelarle un sueño a alguien es mostrándole a otra persona algo sobre ti y que lo comparta después contigo. La Biblia nos dice que Dios siempre está hablando para revelarnos las cosas (Hebreos 1.1, 2; Juan 10.27; 2 Timoteo 3.16; Santiago 3.17). Sin embargo, ¿hacemos caso a sus palabras?

Independientemente del método que el Padre utilice, lo más probable es que lo confirme a través de alguna otra fuente. Tal vez estés en la sala de descanso del trabajo y de repente aparezca alguien y empiece a hablarte de todas las cosas que Dios te ha revelado. O puede que te encuentres en el gimnasio, un servicio de la iglesia o escuchando la radio. Dios es omnipotente y lo sabe todo, de manera que puede hablarnos a través de cualquier persona o cosa. ¿Estás escuchando atentamente y dispuesto a actuar al respecto?

A partir de mi experiencia, este proceso de escuchar y actuar es la mejor manera de hacer que los sueños se cumplan. Aprendí muchas cosas sobre mí misma al principio de mi carrera. Es importante descubrir quién eres, cuál es tu forma de comportarte y qué es lo que te apasiona de verdad, lo que más te gusta hacer. Lo típico es que si algo te apasiona no te parecerá que estás trabajando, y querrás hacerlo. Te esforzarás y no te cansarás, ya que eso forma parte de tu ADN. Dios es el responsable de esa pasión tuya.

Aunque tardé en encontrar mi vocación de reportera cuando estaba en la universidad, siempre me gustó hablar con la gente y debatir sobre los temas importantes. Me gustaba investigar y poner por escrito mis ideas y opiniones. Me gustaba hablar en público y formar parte de un equipo. La combinación de todos esos talentos y habilidades me sirvieron para ser una buena reportera, presentadora y personalidad televisiva. Mientras más confiaba en que Dios haría que mi sueño se hiciera realidad, más podía disfrutar del proceso de convertirme en la persona que él me había creado para ser.

Lo mismo es cierto para ti. Tu Padre celestial sabe lo que hace. Cuando te creó, Dios te proporcionó unos talentos únicos y un propósito específico en la vida. Junto con los talentos y el propósito te dio también pasión. Cuando unes los puntos que van desde los talentos a la pasión, comienzas a ver el diseño del propósito divino para tu vida.

LA PERFECCIÓN LLEGA CON LA PRÁCTICA

Identificar tus talentos y lo que te apasiona hacer no significa que no debas pulir tus habilidades o practicar para mejorar. Todo lo contrario. Cuando trabajas en algo que se te da medianamente bien, conseguirás ser aún mejor. Mientras más te esfuerces, más mejorarás. Seguro que habrás oído eso de que la perfección llega con la práctica, lo cual no es totalmente cierto, pero no deja de ser un buen consejo. Si bien es posible que nunca lleguemos a ser perfectos en esta vida, sí mejoraremos y en algunos casos puede que hasta lleguemos a dominar determinados aspectos de nuestras capacidades.

Y de eso se trata. La mayoría de las veces, cuando tienes talento para realizar algo, sentirás el deseo de hacerlo, de dominarlo, y no pocas veces ese deseo se convertirá en pasión. Piensa en ello. La mayoría de las personas que llegan a lo más alto en sus profesiones, ya sean atletas, pilotos de avión o médicos, eran buenos en lo suyo antes de llegar a la cima. Tenían una habilidad especial en un determinado deporte, en el pilotaje de aviones o las ciencias. Y esas habilidades se convirtieron en una verdadera pasión por ser el mejor en su campo.

Tal vez ahora mismo estés diciendo: «Cuando era más joven, se me daba bien tal o cual cosa, pero ahora ya es demasiado tarde». ¡Alto ahí, amigo! Si se te daba bien antes, es muy posible que continúe siendo así. No digo que vayas a ir a las Olimpiadas con cuarenta y cinco años. Hay momentos para todas las cosas. Incluso la mayoría de los atletas pasan por temporadas en las que les cuesta dar lo mejor de sí mismos. No obstante, sí que podrías entrenar a otros o hacer algo relacionado con el campo que te apasionaba de joven. Tan solo tienes que ser creativo y pedirle a Dios que te guíe. Confía en mí. Al Señor le *encanta* dirigirnos por el buen camino.

Detente un minuto y piensa en tres cosas en las que seas realmente bueno. Cosas que de verdad sepas que son tus puntos fuertes y para las que tengas verdadero talento. Apúntalas en el margen. Seguro que esas tres cosas te apasionan. Sin embargo, puede que te dé un poco de vergüenza presumir o que los demás conozcan tus talentos secretos. Sea como fuere, Dios te creó para hacer bien esas cosas. Y cuando aceptas que tienes un talento y quieres perseguirlo, estás preparado para dejar que Dios te ayude a conseguirlo.

No obstante, todo comienza con mantener tu sueño vivo y confiar en que Dios te ayudará a que dé fruto. Tienes que verte en el lugar hacia donde te diriges. Y justo cuando te percibes en medio de tu visión, Dios estará listo para conducirte hacia ese sitio. El problema es este: si no eres capaz de verte ahí, te resultará mucho más difícil llegar a tu destino. De modo que no digas que no a tus visiones, a tus sueños y a la vocecilla que te dice: «Ese es el lugar al que estás yendo».

Yo también tuve que verme primero haciendo el trabajo en televisión que quería conseguir. Tuve que verme como productora, reportera y presentadora antes de conseguir todos esos puestos. Tuve que ensanchar mi imaginación para conseguir pensar a largo plazo y verme trabajando en un programa en alguna cadena. Por entonces no sabía en cuál, pero tenía que ver mi crecimiento y mi desarrollo hasta conseguir hacer realidad mi sueño. Porque si no me veía haciéndolo, ¿cómo iba a alcanzar mi destino?

Así que piensa en ello. ¿Eres capaz de verte más adelante en el camino en ese lugar que parece inalcanzable, en ese lugar que ahora te parece a kilómetros de distancia? ¿O sientes que los obstáculos te cierran el paso todo el tiempo? ¿El rojo significa ir adelante para ti o hace que te detengas en seco?

Sin importar el momento en el que te encuentres en la vida, independientemente de dónde te halles en tu relación con Dios, pídele que vuelva a encender la llama de tus sueños. Confía en su capacidad para transformar tus dificultades, errores y decepciones en la fuerza espiritual necesaria para llegar más alto y correr más rápido. Cree que la fuerza de Dios es la herramienta perfecta en los momentos de debilidad.

¡Empieza a redefinir el rojo! ¡El rojo no tiene que ser la señal que te obliga a detenerte, sino la luz verde que te indica que es momento de ir hacia Dios!

TRANSFORMA LOS MOMENTOS ROJOS EN TRIUNFOS VERDES

PROFUNDIZA

¿En qué punto del camino hacia tu sueño te encuentras? ¿Cuál es tu próxima parada, la que te situará un poco más cerca del lugar al que Dios te ha llamado? Para que tu sueño se cumpla, debes tener claro cuál será tu siguiente paso en la dirección correcta. El proceso es vital en este viaje hacia tu destino y tu propósito en la vida. Pídele a Dios que te muestre el punto en el que te encuentras y el punto al que quiere que te lleven tus próximos pasos.

AVANZA

Escribe en un diario o un simple cuaderno las tres cosas que se te dan realmente bien. A continuación, escribe lo que te hace ser bueno y los motivos por los que crees que se te dan bien esas cosas. ¿Cuánto tiempo dedicas al día (o a la semana) a practicar esas habilidades? ¿Cuál de ellas te atrae más en el momento actual que estás viviendo?

CAPÍTULO 2

ENFRENTARSE AL FUEGO

REDEFINIR EL ROJO FRENTE AL TEMOR

El miedo al fracaso nunca debe
ser razón para no intentarlo.

—Frederick Smith

Hace un tiempo, durante un viaje por carretera en familia, empezamos a jugar a «Veo, veo» para pasar el rato. Le tocaba a mi marido y dijo:

—Veo, veo una cosa... roja.

Nuestros gemelos, Jemma y Micah, que por ese entonces tenían siete años, empezaron a mirar a un lado y otro mientras nos deteníamos por culpa del tráfico. De repente, Jemma exclamó:

—¡Ya sé lo que es!

—¿Qué es? —pregunté con curiosidad.

—¡Eso de ahí delante! ¡Eso en lo que hacen pis los perros!

Nos giramos rápidamente hacia el objeto que señalaba Jemma —una boca de incendios— y soltamos una carcajada hasta que empezamos a llorar de la risa. No tenía ni idea de cómo se llamaba, pero reconoció la boca por el contexto en el que estaba acostumbrada a verla: ¡como un orinal para perros!

Cuando pudimos parar de reírnos, reflexioné sobre la asombrosa lección que se ocultaba tras la inocente observación de mi hija: la percepción que tenemos de las cosas determina la interpretación que hacemos de ellas. Jemma interpretó que la boca de incendios era el lugar en el que los perros hacen pis, lo que obviamente no vale gran cosa. Bueno, excepto para provocar una buena risa en nuestro caso.

Sin embargo, al seguir pensando en el asunto, me di cuenta de que nuestras percepciones también sirven para moldear el valor que le damos a las cosas que vemos. Las bocas de incendios tienen una gran importancia, son vitales cuando ocurre un incendio. No obstante, como Jemma no sabía identificar su verdadero uso, asumió erróneamente que están ahí para que los perros hagan sus necesidades. Para ella no tendría valor en caso de incendio, pues no conocía su verdadero uso y su inmenso potencial para salvar vidas.

A partir de ahí, mis pensamientos vagaron hacia el fuego, y entonces me di cuenta de que el contexto y nuestras experiencias pasadas también influyen con frecuencia en cómo lo vemos. Si al doblar la esquina te encuentras con una fogata, seguro que tu primera reacción es buscar malvaviscos para tostarlos. Pero si al doblar la esquina lo que ves son unas llamas engullendo la segunda planta de tu casa, lo que harás será llamar al 911 para que envíen a los bomberos con la esperanza de que haya una de las bocas de incendio de Jemma cerca.

El fuego nos proporciona calor, un lugar en el que cocinar los alimentos y luz en la noche oscura. Claro que también tiene el poder de destruir hogares y edificios, arrasar bosques y llevarse consigo muchas vidas humanas. Todo depende de dónde se produzca y cómo se utilice, lo que me lleva de vuelta al asunto de las percepciones.

Sospecho que con frecuencia vemos las oportunidades que se nos presentan en la vida del mismo modo que mi hija vio aquel día la boca de incendios. Nuestras percepciones están influenciadas por aquello que sabemos de la situación, o más probablemente por lo que no sabemos. En momentos de conflicto, incertidumbre y miedo, tendemos a dejar que el estrés de la situación nos sobrepase y muy probablemente nos impida avanzar. Solo cuando estamos afianzados en la verdad de Dios y confiamos en que nos guiará, podremos afrontar los incendios que se produzcan en nuestras vidas. Solo teniendo fe en él podremos entender que el rojo significa ir hacia adelante cuando tenemos miedo.

ENTRANDO EN EL JUEGO

Aprendí esta lección con frecuencia durante los primeros años de mi carrera como reportera de televisión. En realidad, jamás olvidaré un día en que la presión de la situación me impulsó a enfrentarme a mi destino durante esa temporada de mi vida. Tras haber trabajado como redactora, productora de historias y después reportera de historias para la sección de deportes de la FOX, quería pasar al siguiente nivel y cubrir los eventos deportivos más importantes dentro de la cadena. Recuerdo explicarle a una amiga: «No quiero contarle a todo el mundo lo que ocurrió después del partido. Quiero estar en el juego. Quiero cubrirlo. Tengo que estar ahí. ¡Quiero salir del banquillo y entrar a jugar!».

Cuando me puse a considerar lo que tenía que hacer para lograr que esto sucediera, fui a ver a mi jefe y le pregunté que con quién tenía que hablar para formar parte de la sección de deportes de la FOX. Él titubeó por un momento, pero al final me dio el nombre de uno de los hombres más respetados de la industria, Roy Hamilton. El señor Hamilton pertenecía a la alta dirección de Fox Sports y llevaba casi veinte años en el negocio. Su ojo para la excelencia en la industria de la comunicación, encontrando y sacando lo mejor de los profesionales más talentosos, además de su forma de ser directa le había granjeado el respeto de todos en el mundo de los deportes televisados. Mi jefe me advirtió que el señor Hamilton era un hombre muy ocupado, así que debía llevar bien preparado mi argumento para exponérselo brevemente si es que llegaba a conseguir que me recibiera.

«Perfecto», le dije, tratando de parecer valiente. «Puedo hacerlo».

Sin embargo, cuando sacaba a relucir el nombre delante de algunos compañeros, solía preguntarles: «¿Han oído hablar de un caballero en nuestra industria llamado Roy Hamilton? Estoy intentando hablar con él y antes quería saber algo más sobre su persona».

La respuesta que siempre me daban era: «Ah, ¿se supone que debes hablar con él? Es uno de los mejores. Si consigues que te reciba, prepárate. Es un hombre serio de negocios que sabe lo que hace».

Pronto descubrí que todo el mundo conocía a Roy Hamilton. Era el vicepresidente de Fox Sports y conocido por ser un hombre brillante, que sacaba lo mejor de los demás y hacía las cosas a su manera, pero siempre conseguía impresionar a los televidentes. Mientras más conocía sobre el señor Hamilton, más me preguntaba si sería lo bastante buena como para trabajar con él. Tal vez debiera esperar unos meses o incluso al año siguiente para tener más experiencia.

Para qué agitar las aguas, ¿cierto? ¿De verdad estaba preparada para pasar al siguiente nivel? ¿Me diría él que me faltaba experiencia para cubrir los deportes en vivo? No obstante, me daba cuenta de que no ocurriría nada si no hacía la llamada. El Señor había avivado algo en mi corazón por una razón y ahora sabía cuál era el siguiente paso. Lo mínimo que podía hacer era darlo. Aunque tropezara.

Cuando por fin me armé de valor para llamar al señor Hamilton estaba nerviosísima. Me sentía como Dorothy llamando para pedir una cita con el Mago de Oz... ¡o tal vez con la bruja mala! Sabía lo suficiente sobre cómo funcionaba la vida corporativa como para tener la seguridad de que en un primer momento no pasaría de hablar con su asistente personal. Roy Hamilton era un hombre demasiado ocupado e importante para aceptar una llamada en frío de una reportera novata de la que ni siquiera habría oído hablar. En ese instante me dije: *No pasa nada. Hablaré con alguien de su equipo, le darán mi mensaje y me devolverá la llamada. ¿Por qué? Porque tengo la aprobación de Dios. ¿Y si no me llama? ¡Seguiré teniendo la aprobación de Dios!* Me esforcé mucho para conseguir que resultara en una situación beneficiosa para todos en vez de dejar que mis miedos me superaran.

Tal como esperaba, hablé con su secretaria y le dejé un mensaje común y corriente mientras mi estómago daba vueltas en mi interior. Luego esperé. Y seguí esperando. Y esperé un poco más. ¡En realidad fueron menos de veinticuatro horas, porque me llamó al día siguiente!

Estaba en el archivo buscando un video sobre Hank Aaron a fin de hacer una historia para Keith Olbermann cuando sonó mi localizador. (¡Sí, todavía se usaban!) En el momento en que me percaté de que era el número de la FOX, pensé: *Ay, Dios mío, ¿y ahora qué digo? ¡Es Roy Hamilton! No te pongas nerviosa, Elictia. Cálmate. Y no olvides respirar.* Así que me volví hacia mis compañeros y les dije: «Ahora vuelvo, chicos. Oren por mí. ¡Oren por mí!», y salí corriendo del archivo a llamarlo.

—Hola. ¿Puedo hablar con Roy Hamilton, por favor? —dije escondida en una sala de juntas vacía.

Su asistente me pasó con él tras confirmar mi identidad y lo que quería.

—Roy Hamilton —indicó una voz al otro lado de la línea.

Me puse a temblar de pies a cabeza cuando oí aquella voz profunda y segura de sí misma. Sabiendo que normalmente no tienes más que una oportunidad para causar buena impresión, rogué a Dios: *Dios mío, vas a tener que hacer lo que sea que quieras hacer en este mismo lugar, en este preciso momento, porque creo que voy a fracasar estrepitosamente en esta breve entrevista telefónica.*

—Sí, soy Elictia... —dije con un hilo de voz.

—Sí, recibí tu llamada. ¿En qué puedo ayudarte, Elictia?

Fue directo al grano, nada de charla. ¿Por qué habría de hacerlo? Él era un hombre muy importante y con seguridad tendría un montón de cosas mucho más significativas que hacer. Le estaba inmensamente agradecida de que incluso me hubiera devuelto la llamada. Apuesto a que muchos ejecutivos en su posición no me habrían dado ni la hora. De manera que, francamente, era muy afortunada de tenerlo al teléfono. Sentía cómo si su autoridad recorriera el cable telefónico.

—Sí, gracias. Tengo entendido que usted es la persona responsable de asignar talento a la retransmisión deportiva... ¿es correcto?

No podía dejar de tartamudear y vacilar. Menuda impresión tenía que estar causándole.

—Correcto —dijo.

Y empezó a explicarme un poco lo que hacía. ¡Lo cual era mucho! ¡Vaya aquel gran hombre estaba charlando con alguien tan insignificante como yo! Revisó su agenda y me preguntó si podría pasar por su oficina al día siguiente hacia el mediodía. Me pidió que llevara todo lo que pudiera servirme, incluido todo el conocimiento que hubiera acumulado con el tiempo. Y cerró la conversación con un «adiós». Estaba paralizada mientras colgaba el teléfono pensando que no había dicho nada de lo que tenía que haber dicho. Sentí que me habían despedido antes de haber sido contratada. No estoy segura de por qué me sentía así. Creo que solo estaba un poco abrumada por la situación. ¡Acababa de hablar con el mismísimo Roy Hamilton!

Regresé al archivo sintiendo que había dejado escapar una oportunidad de oro, como si acabara de perder un billete premiado de la lotería. No obstante, al repasar la conversación mentalmente me di cuenta de que la prueba real sería al día siguiente. Conocerlo en persona determinaría si podría alcanzar mi objetivo o no. Tenía que encontrar la manera de canalizar la presión en una dirección positiva. Podía estar a la altura y para ello tenía que evitar que el miedo cambiara el curso de lo que el Señor tenía preparado para mí. Sabía que si Dios abría la puerta, nadie podría cerrarla... ¡excepto yo!

LA PRESIÓN REQUIERE PERSEVERANCIA

Al día siguiente acudí a mi cita con el señor Hamilton. Recuerdo que me sudaban las manos cuando entré, tratando de parecer la reportera talentosa y segura de sí misma que sin duda querría contratar. Su asistente me acompañó al despacho y él me recibió de pie, estrechó mi mano y me ofreció un asiento.

—Le he traído esta cinta con lo más relevante de mi trabajo. Y aquí tiene una copia de currículum, junto con algunos artículos y guiones que he escrito.

—Estupendo —dijo él, tomando la cinta y el disco con la información, los cuales dejó en un mueble detrás de su escritorio.

Me hizo varias preguntas personales. Parecía interesarle de verdad mi carrera profesional. Y a continuación me dio varias instrucciones.

—Te diré lo que quiero que hagas. Quiero que realices una presentación sobre la NFL Europa. Tienes tres días para hacerla y luego me la traes.

Y añadió:

—Y que sea buena.

Me explicó con total sinceridad que tenía una sola oportunidad. Los dos soltamos una risita. La mía producto de los nervios, obviamente. Y terminó diciendo que había sido un placer conocerme y que estaba deseando ver mi trabajo. Recogí mis cosas y me fui, con la cabeza puesta ya en la tarea que tenía por delante.

No creo que la entrevista hubiera durado más de veinticinco minutos. Ahora me hace gracia recordar lo nerviosa que me puse por una entrevista que no implicaba más que una conversación informal y un apretón de manos. A fin de cuentas, no sabía si de verdad era lo suficiente buena como para hacer lo que me había pedido. El señor Hamilton tenía la manera de comprobar de forma fehaciente si lo era o no, y yo estaba a punto de pasar la prueba. Me daba cuenta de que no iba a ser fácil.

No sabía nada sobre la NFL Europa. ¡Nadie sabía nada! Y por si el encargo no fuera ya de por sí imposible, tenía que recordar que era una presentación, un segmento de entre diez y veinte segundos capaz de suscitar el interés del público. Uno de esos avances que aparecen en mitad de un programa o un partido en el que el presentador sale y dice: «Y a continuación, un tiroteo en el centro comercial de Bridgeport. Hay dos personas en el hospital en estado grave. ¡Más detalles a las once!». Estos avances pretenden llamar la atención hacia una historia importante para que los televidentes no cambien de canal hasta haber visto la noticia completa.

La presión me amenazaba desde todos los frentes: el tema en sí era todo un desafío sobre el cual ni los televidentes ni yo sabíamos gran cosa, el segmento debía ser muy breve, y disponía de muy poco tiempo para producir un avance único con suficiente calidad profesional. No dejaba de escuchar las palabras del señor Hamilton. Tenía una sola oportunidad que se reducía a un avance de diez o veinte segundos que dejara pegado al público a la televisión. Al menos así parecía en ese momento.

El primer día me dediqué por completo a reunir toda la información disponible sobre la NFL Europa, una organización en ciernes en aquel momento. Estaba claro que aquel no iba a ser mi mejor trabajo, y aun así todo mi futuro dependía del avance que hiciera. A la mañana siguiente, sabía que los nervios me paralizarían si seguía concentrándome en la presión. Así que en vez de hacerlo, respiré profundo y me dije: «Bien, allá vamos. Gloria a Dios. Puedo hacerlo. Dame inspiración, Señor. Muéstrame el camino. Tú tienes el mando».

Tres días después volví a ver al señor Hamilton y le entregué la cinta. Me dio las gracias y me preguntó:

—¿Qué tal crees que lo has hecho?

—Genial —contesté yo con toda la seguridad en mí misma que pude—. Estoy muy orgullosa. Lo he dado todo.

—¿Me va a gustar? —me preguntó mirándome directamente a los ojos.

Intentaba ver si de verdad creía en mí misma y en lo que había hecho o si estaba solo exagerando.

—Le va a encantar. Es un avance muy bueno.

—¿Querré que salga al aire? —continuó.

—Sí, lo querrá —respondí sin vacilar.

—Está bien, démosle un vistazo.

Colocó la cinta en el reproductor y se volvió hacia la pantalla de televisión. Por mi parte, fingía mirar, pero en realidad solo quería observarlo a él. No se movía; no sabía si respiraba siquiera. Yo tampoco. Cuando terminó, dijo:

—¿De verdad te ha parecido bueno?

—Bueno, creo que está bien hecho, pero podría haber estado mejor.

—Siempre se puede hacer mejor, tienes razón —contestó él.

Y se lanzó a explicarme todo lo que podría haber hecho de otra forma desde la A hasta la Z. Me señaló los problemas que presentaba el avance que le había entregado. Me explicó por qué no era bueno y por qué no lo sacaría al aire. Qué necesitaba para ser memorable y digno de retransmitirse. Era tan bueno en lo que hacía que todo lo que me señalaba podría hacerlo dormido.

Mi corazón se detuvo mientras el resto de mi cuerpo temblaba sin poder contenerse. Sin embargo, me quedé allí sentada absorbiendo toda la sabiduría de ese hombre, y acepté sus críticas. Sabía que para darle un impulso a mi carrera tendría que mejorar mi juego. Aunque recibir sus críticas fuera duro para mí, no eran malintencionadas, sino todo lo contrario. Le importaba de verdad y creo que por eso se tomó el tiempo para explicarme sus opiniones en detalle. No había considerado ninguno de sus señalamientos.

—Voy a darte otra oportunidad —dijo—. Tienes dos días, repite la pieza y tráemela. Puedes hacerlo, pero tienes que esforzarte más.

Me sentí devastada. Sinceramente, no sabía cómo mejorar la pieza.

No obstante, lo hice.

¡Grabé un segundo avance informativo y me dio el trabajo! ¿Y sabes por qué lo conseguí? Mucho después, Roy me dijo: «Debido a la forma en que respondiste, vi que aceptarías mis enseñanzas. Estabas dispuesta a correr el riesgo de enfrentarte al fuego con tal de oír lo que tenía que decirte en vez de huir. Tienes excelentes habilidades y el primer avance que me diste era muy, pero muy bueno. ¡En realidad, lo sacamos al aire! Pero lo que quiero decirte es que eso es lo único que hubieras logrado gracias a esas habilidades. Hay muchos buenos reporteros que pueden hacer el mismo trabajo, pero no todos ellos están dispuestos a superar sus miedos y recibir las enseñanzas de otro». Me había engañado al decirme que mi primera prueba no le había gustado. Él mismo me aseguró que la habían transmitido. Lo que quería era ver cómo asimilaba las críticas; deseaba saber que estaba dispuesta a aprender, ser humilde y flexible.

En eso consistía la brillantez de Roy Hamilton. Era capaz de cultivar, reconocer y mejorar el potencial de cualquiera. Gracias a él terminé trabajando como presentadora en vivo. Reconoció mi potencial y me animó a esforzarme aún más. El vicepresidente de la cadena fue mucho más que un jefe para mí, siendo de gran influencia en mi vida, y todo comenzó cuando aprendí que dejarse enseñar era la puerta que se interponía entre el éxito y el fracaso. El señor Roy Hamilton me ayudó a redefinir el rojo en aquel momento de mi vida.

ENCIENDE MI FUEGO

Aún se me encoge el estómago al recordar aquella anécdota, pero también me hace sonreír. Jamás hubiera mejorado mis habilidades ni me habría dado cuenta de mi verdadero potencial como reportera deportiva y presentadora si no hubiera pasado la prueba de fuego con Roy Hamilton. A partir de esa experiencia, aprendí que no solo tenía que creer en mí misma, sino que también debía confiar en Dios para conseguir mi objetivo. Tenía que seguir los dictados del Señor, hacer mi mayor esfuerzo, y luego avanzar con fe, confiando en que todo resultaría bien de un modo u otro.

Es obvio que no soy la única que ha salido fortalecida de una situación complicada. Seguro que también te habrás visto obligado a hacerle frente a tus miedos y tener fe en Dios. Ciertamente, en la Biblia vemos infinidad de ejemplos de ello. De hecho, puede que una de las mejores historias para aprender a lidiar con la presión confiando en Dios tenga que ver con enfrentarse al fuego, literalmente. Tal vez conozcas la historia de Sadrac, Mesac y Abednego, los tres jóvenes judíos que fueron arrojados a un horno por negarse a ceder a los deseos de sus captores babilonios.

Estos tres jóvenes, junto con otros compatriotas judíos, incluido su amigo Daniel, fueron llevados como prisioneros a Babilonia, el reino violento y pagano que había conquistado Judá e Israel. (La historia se encuentra en el libro de Daniel en el Antiguo Testamento). El pueblo entero permaneció prisionero durante setenta años, período en el que fue sometido a constantes pruebas por parte de sus conquistadores comandados inicialmente por el rey Nabucodonosor. Si bien el rey admiraba la fe devota y el orgullo nacional del pueblo judío, su intención era que asimilaran su cultura. Y uno de los aspectos de dicha asimilación consistía en obligarlos a adorar a quien él ordenara y de la manera que él decidiera.

¡Guau! ¿Te imaginas que te obligaran a pasar una prueba de esas características? Este fue realmente un asunto de vida o muerte. Daniel no tuvo que atravesarla, porque el rey había quedado tan impresionado con él que lo nombró parte de su corte real. Sin embargo, se les ordenó a sus tres amigos que se inclinaran y adoraran a la estatua de oro de veintisiete metros de alto que había mandado construir. Aunque estrictamente hablando no era más que un poste de madera recubierto de oro, ¡desde lejos parecería la Space Needle!

Los oficiales babilonios se reunieron y les dijeron que cuando comenzara la música debían inclinarse y adorar la imagen de oro del rey. Si no lo hacían, serían arrojados a un horno en llamas. Los amigos de Daniel tenían que hacerle frente a un horrible ultimátum: renunciar a su religión y a su Dios para rendirle pleitesía al dios de sus captores.

La elección fue fácil para ellos. Sadrac, Mesac y Abednego le respondieron a Nabucodonosor: «¡No hace falta que nos defendamos ante Su Majestad! Si se nos arroja al horno en llamas, el Dios al que servimos puede librarnos del horno y de las manos de Su Majestad. Pero, aun si nuestro Dios no lo hace así, sepa usted que no honraremos a sus dioses ni adoraremos a su estatua» (Daniel 3.16-18).

¡A eso le llamo yo permanecer calmado mientras nos enfrentamos al fuego! Fíjate en que no organizaron una rebelión, ni planearon un boicot, ni condenaron al rey por haber hecho construir una estatua, ni expusieron sus motivos para no inclinarse ante ella. Lo único que hicieron fue informarle al rey que no les hacía falta defender su decisión. Básicamente le dijeron: «Nuestro Dios *es capaz* de hacerlo, pero aunque no nos libre de esta amenaza, no nos inclinaremos. Aunque muramos por ello». ¡Me encanta su acto de fe! Le llamo a esto «una fe aun si». Ellos confiaron en que el Señor los rescataría y le dijeron al rey que aunque no lo hiciera, no lamentarían su decisión. Confiaban en Dios más allá de las circunstancias en que se encontraban. Aunque desearan vivir, confiaban en que Dios los protegería y sabían que todo resultaría bien, aunque no salieran vivos de aquel horno.

Ellos fueron arrestados y llevados ante el rey que los esperaba «lleno de ira» (v. 13), el cual les dio una oportunidad más de inclinarse ante él. Si no lo hacían, los quemarían vivos, «¡y no habrá dios capaz de librarlos de mis manos!» (v. 15). Al negarse, el rey ordenó que calentaran el horno *siete veces* más de lo normal, y después les pidió a los soldados más fuertes que ataran a los tres jóvenes con la ropa puesta y los arrojaran al fuego. De hecho, las llamas acabaron con los soldados que los llevaron al horno.

¡Sin embargo, ellos ni siquiera sudaron! Esperando ver a los jóvenes reducidos a cenizas, Nabucodonosor se puso de pie y les preguntó a sus consejeros sorprendido: «¿Acaso no eran tres los hombres que atamos y arrojamos al fuego? [...] ¡Pues miren! [...] Allí en el fuego veo a cuatro hombres, sin ataduras y sin daño alguno, ¡y el cuarto tiene la apariencia de un dios!» (vv. 24, 25). ¡El mismísimo Dios estaba allí con ellos! Acompañando a sus fieles hijos en mitad de las llamas. Esta es una lección que no debemos olvidar.

Podemos confiar en las promesas de Dios, y cuando él permite que entremos en un horno en llamas, nos promete que estará allí con nosotros (Salmos 23.4; Isaías 43.1, 2). ¿Por qué? ¡Porque nos ama! Incluso el rey tuvo que reconocer el poder del único Dios verdadero: «¡Alabado sea el Dios de estos jóvenes, que envió a su ángel y los salvó!» (v. 28). Dios fue glorificado y sus siervos reconocidos por la fe inquebrantable en él.

PONER LA FE A PRUEBA

Mi miedo a no pasar la prueba para ascender en mi profesión no es comparable a la prueba de vida o muerte que afrontaron Sadrac, Mesac y Abednego, pero su milagrosa historia nos recuerda que ni siquiera en las circunstancias más extremas debemos dejar que nuestro miedo nuble nuestra fe. En realidad, estoy convencida de que la presión, el estrés y el temor a veces pueden ayudarnos a alcanzar los sueños que Dios nos brinda. ¿Cómo? Forzándonos a depender de él.

Me gusta mucho cómo nos explica la Biblia en qué consiste el proceso de poner a prueba la fe con el fin de fortalecerla:

> Ya saben que la prueba de su fe produce constancia. Y la constancia debe llevar a feliz término la obra, para que sean perfectos e íntegros, sin que les falte nada. Si a alguno de ustedes le falta sabiduría, pídasela a Dios, y él se la dará, pues Dios da a todos generosamente sin menospreciar a nadie. (Santiago 1.3-5)

Tras investigar un poco, descubrí que la palabra «presión» procede del latín *pressūra*, un término que se forma a partir del verbo *premère* que significa apretar, oprimir, presionar. Piensa en el cambio de presión que se produce cuando subimos mucho en un avión. O en la presión que ejerce el agua sobre un buceador que baja a las profundidades. Estos ejemplos muestran cómo la presión influye en nuestros sentidos. No oímos igual de bien cuando estamos a nueve mil metros de altura o cuando estamos a seiscientos metros de profundidad. Es posible que tengamos problemas de vista, por no hablar de la respiración.

La presión emocional y psicológica también puede afectar nuestro juicio. Enfrentarnos a mucha presión y factores de estrés influirá también en nuestro juicio y nuestra respuesta ante las situaciones. Por ejemplo, si alguien nos apunta con una pistola, es evidente que la situación ejercerá presión sobre nosotros. Y como resultado nuestros procesos mentales y de juicio se afectarán, no siendo tan claros como lo serían si no existiera presión.

También sabemos que la presión puede matarnos. Podemos llegar a acumular tanta presión en nuestro corazón, física o emocional, que podemos llegar a sufrir un infarto e incluso morir. Lo interesante de la presión es que cuando la sufrimos, cobra importancia el material del que estamos hechos. Nuestra constitución se vuelve esencial bajo presión, y eso determinará nuestra respuesta.

Piensa en el efecto de la presión por medio del siguiente ejemplo. Imagina que inflamos un globo hasta el tope, lo atamos, lo ponemos en el suelo y lo pisamos. La presión ejercida por nuestro pie haría que el globo explotara. Pero si no inflamos el globo por completo, sino que dejamos un poco de espacio en él, al pisarlo lo único que ocurrirá será que se aplastará y se deformará para repartir la presión.

Si tratamos de manejar solos esos momentos de hacerle frente al fuego, el globo terminará explotando cuando la presión sea demasiado fuerte. Cuando el estrés llega al máximo, somos incapaces de manejar los golpes de la vida. Por otra parte, si tenemos fe y dependemos de Dios, él nos brindará ese margen, el parachoques que nos permitirá doblarnos sin rompernos.

Por eso resulta importante observar qué es lo que ocurre cuando afrontamos situaciones complicadas, porque lo que se halla en nuestro interior a la larga se revelará: nos quebrantaremos debido al miedo o nos adaptaremos a la situación gracias a nuestra fe. Cada uno debe saber qué es lo que el Señor quiere que haga, debe verse en la situación, y debe ser capaz de aprender en medio de la presión y entender que cuando alguien o algo nos parecen insoportables, es el momento de acudir al Padre. Es el momento de detenerse y preguntarse: *¿Puedo aprender algo en este lugar tan desagradable? ¿Pretende Dios enseñarme algo? ¿Seré capaz de entender la lección si dejo de quejarme por un instante?*

Sí, la vida no siempre es amable mientras permanecemos en la carrera por alcanzar nuestros sueños, pero Dios nos promete que si oramos y le pedimos ayuda, él hará justo eso: ¡nos ayudará! A mí me quedó muy claro en mi encuentro con Roy Hamilton, igual que lo entendieron Sadrac, Mesac y Abednego cuando se vieron frente al horno en llamas. Dios siempre está ahí cuando nos enfrentamos al fuego y necesitamos su ayuda. *Siempre.*

PASO A PASO

Dios puede hacer que resulte algo hermoso de *cualquier* situación. Utiliza el fuego refinador para quemar las impurezas y fortalecernos. Sin embargo, depende de nosotros querer confiar en él y aprender de ello, aunque nos dé miedo y nos duela. Estoy convencida de que esa característica de estar dispuestos a aprender es algo que nuestro Padre celestial busca en cada uno de nosotros cuando nos dirige hacia el destino que nos tiene preparado. Él sabe que es posible que tengamos miedo y dudas con respecto al lugar al que nos dirigimos y cómo llegaremos allí. No obstante, el Señor es tan brillante que incluso antes de que naciéramos ya tenía pensado cómo nos guiaría y ayudaría de forma que pudiéramos madurar a lo largo del camino hacia nuestros sueños, creciendo un paso a la vez.

Justo como un bebé aprende a caminar, así se recorre el camino desde que imaginamos hasta que conseguimos nuestro sueño, paso a paso, poniendo un pie delante del otro. Como un niño pequeño, al principio nos caeremos, pero se trata de encontrar el equilibrio y la confianza. Si nos caemos, nos levantamos y seguimos. Con cada paso iremos ganando seguridad y reflexionaremos: *Tal vez sí pueda hacerlo, con la ayuda de Dios.* Porque él nos da la fuerza para conseguir lo que nos resulta imposible lograr solos. La grandeza llega a partir de esa chispa que nos convierte en la llama celestial.

¡Así que estés donde estés, levántate y sigue caminando! Aprende a aceptar el desafío, madura a partir de los obstáculos que encuentres en el camino, y continúa avanzando hacia tu sueño. Avanza. Empieza hoy mismo y no te regodees en el pasado. Si estás leyendo este libro y te sientes presionado en la vida, recuerda que Dios deja que las cosas ocurran para empujarnos a perseguir nuestro destino. Lo que significa que él está siempre al mando. Puedes enfrentarte al fuego sabiendo que él se asegurará de que podamos superarlo.

Y recuerda, al otro lado del miedo a menudo se encuentra nuestro sueño hecho realidad.

TRANSFORMA LOS MOMENTOS ROJOS EN TRIUNFOS VERDES

PROFUNDIZA

¿A qué situación te enfrentas en el momento actual que te obliga a afrontar tus miedos y tener fe? ¿Qué tipo de presión implica? ¿En qué medida se agrava esa presión por culpa del miedo? ¿Qué hace falta para que dejes de intentar controlar la situación y permitas que Dios se haga cargo? Pídele que te muestre cómo afrontar el fuego en este momento preciso de su vida.

AVANZA

Orar es la mejor forma de aprender a vencer al miedo y transformarlo en fe. Cuando busques la ayuda de Dios para afrontar el fuego, te invito a hacer esta oración e interiorizarla.

Señor:

Mi mente está activa y mi corazón da saltos, expectante. Sé que nunca antes había afrontado las situaciones y las circunstancias de esta manera. Te doy las gracias por haber planificado mi destino incluso ante de estar en el útero de mi madre.

Gracias por haber hecho todo lo necesario por mí antes de llegar a este mundo.

Gracias, Señor, porque puedo tomar estos nuevos principios que he aprendido y aplicarlos a mi vida, consciente de que tengo lo que me hace falta para lograr mis objetivos. Ahora comprendo mejor mis sueños y mi futuro. Tengo una nueva pasión por la que luchar después de todo lo que has hecho por mí, Señor. Mi mente tiene fuerzas renovadas.

Estoy emocionado sabiendo que cuando regrese a mi lugar de trabajo tendré más energía. Algo ha cambiado en mi corazón, porque sé que fui creado para estar ahí en ese momento exacto. Si no a largo plazo, mi trabajo actual es un escalón hacia el lugar al que me estás llevando, el lugar que tienes preparado para mí siempre y cuando permanezca unida a ti y en sintonía contigo.

De modo que te doy las gracias por la valentía, Señor. No tendré miedo, porque sé que tú me llevas. Sé que me pondrás en lo más alto, y permitirás que progrese y me dispondrás en el lugar correspondiente dentro de tus perfectos designios.

Sé quién soy y sé exactamente qué estoy haciendo, y a la vez tú diriges mi futuro y el lugar al que me dirijo.

En el nombre de Jesús, amén.

CAPÍTULO 3

SACA LA BANDERA ROJA

REDEFINIR EL ROJO CUANDO ESTAMOS DESESPERADOS

*Tener esperanza significa estar preparado
en todo momento para aquello que
aún no ha nacido, y al mismo tiempo
no desesperar si no ocurre ningún
nacimiento en toda nuestra vida.*

—ERICH FROMM

Después de dar muchos tumbos ocupando distintos puestos como reportera y productora en filiales locales de todo el país, terminé en uno de los enclaves más importantes en el mundo del periodismo deportivo y el entretenimiento: Los Ángeles, hogar de los Dodgers, los Kings, los Clippers, los Sparks y quizás la dinastía deportiva más conocida de la ciudad, los Lakers. Como pronto descubrí, casi todo el mundo que se consideraba residente de esa ciudad tenía al menos varias piezas de color amarillo y morado en su armario. En vez de unirme a ellos, decidí ser una profesional objetiva, pero pronto descubrí mientras entrevistaba a uno de sus contrincantes, los Jazz de Utah, que los equipos perdedores no lo ven de la misma manera.

Casi había terminado ya la temporada de la NBA y yo formaba parte del equipo que cubría en vivo el partido entre los Lakers y los Jazz. Aunque era un partido más dentro de la liga regular, determinaría las posibilidades de los equipos de jugar en la ronda eliminatoria y la expectación estaba por las nubes. Fanáticos, entrenadores, jugadores y hasta reporteros, todos teníamos ganas de presenciar una buena batalla en la cancha.

El partido estuvo bien y los Lakers aumentaron sus posibilidades de jugar en la eliminatoria al ganar. Sin embargo, a mí me tocó entrevistar a los jugadores de los Jazz, ganaran o perdieran aquella noche. En los deportes, siempre hay un ganador y un perdedor, y aquella noche a los Jazz les tocó perder. Sin embargo, confiaba en que se comportarían como buenos profesionales igual que pretendía hacerlo yo, agradecidos simplemente por hacer lo que más nos gustaba.

No obstante, poco sabía yo que estaba a punto de enfrentar un obstáculo inesperado que me obligaría a cambiar mi forma de trabajar. Pero Dios sí lo sabía.

LA VERDAD AL DESNUDO

Al finalizar el partido, bajé por el pasillo hasta la sala de espera situada fuera de los vestuarios del equipo visitante. Casi una docena de reporteros de otras cadenas y yo esperamos y esperamos... y esperamos un poco más. Al cabo de media hora, nos dimos cuenta de que pasaba algo raro. El equipo perdedor no suele tener muchas ganas de enfrentarse a las ruedas de prensa posteriores al partido, pero allí estaba sucediendo algo más.

Lo que no supimos hasta más tarde fue que estaban tan disgustados y enfadados por el partido que no querían responder a las preguntas incómodas que todos íbamos a hacerles. Básicamente, no querían responderles a los medios. Así que decidieron protestar de un modo poco convencional. Sí, con aquella actitud estaban diciendo sin lugar a dudas: «No tenemos prisa en vestirnos». Ellos esperaban que los reporteros se fueran, no tuvieran que responder ninguna pregunta, y pudieran largarse de allí.

Seamos sinceros. Cuando perdemos, lo último que nos apetece es hablar en público, ¿cierto? Aunque entendía cómo se sentían, también sabía que una parte de ser profesionales de ese nivel consistía en hacer las cosas más desagradables que el trabajo incluía, como hablar con los medios después del partido. Y por eso yo estaba allí, para hacer mi trabajo.

Por supuesto, en aquel momento ninguno de nosotros sabía lo que estaban haciendo dentro de los vestuarios. Nos dimos cuenta cuando por fin nos dejaron entrar, después de esperar durante más de una hora. Aliviada porque finalmente podía hacer mi trabajo, entré y no podía creer lo que veía. ¡En realidad, me vi obligada a mirar al techo directamente! Y no fue porque hubiera un mural en especial interesante allí arriba, sino porque varios jugadores seguían medio desnudos.

Con la vista en el techo, y utilizando mi visión periférica para guiar mis pasos, le pregunté a otro compañero: «Oiga, ¿alguien ha visto...?». Pero mi voz se desvaneció cuando perdí la concentración por toda la distracción... ¡sin mencionar el enfoque requerido para no desviar la mirada del techo! No podía hacer las cosas bien si tenía que concentrarme en no mirar a los jugadores a los que se suponía que debía entrevistar.

Entre el olor a sudor, Icy Hot y perfume de diseñador, la tensión era tal que tenía la impresión de que el menor comentario o pregunta equivocada haría que el vestuario entrara en combustión. Sí, estaba en el vestuario del equipo perdedor, lo cual es siempre estresante. Y no estaban de humor para hablar. Así que decidieron vestirse con toda la calma del mundo. Aunque había estado en muchos otros vestuarios a través de los años, podría decirse que aquel era el primero para mí, y no me gustó nada. Sus decisiones me estaban impidiendo hacer mi trabajo con profesionalidad. No era la única reportera que se sentía incómoda, pero en mi caso además me quedé paralizada, incapaz de hacer mi trabajo. ¡Era una situación extraña y no estaba bien por muchos motivos!

Me movía por la sala tratando de mostrarme profesional en aquel ridículo ambiente y clamando a Dios: «¡Señor, vas a tener que ayudarme, porque estoy fuera de mi elemento! Me siento incómoda y necesito tu ayuda. ¡Por favor, Señor, ahora!». Cuando empezó a dolerme el cuello de tanto mirar hacia arriba, entró un reportero veterano, miró a su alrededor y vino directamente hacia mí, probablemente al ver mi rostro enrojecido y la postura extraña de mi cuello.

Me llevó a un lado y me dijo: «Deja que te dé un consejo, Elictia, porque eres buena y sé que no te sientes muy cómoda aquí esta noche, y con razón. No eres la única. Yo estoy tan incómodo como tú, y soy un hombre. Sin embargo, tienes que volver ahí dentro. Haz tu trabajo con excelencia, así como te veo hacerlo todas las semanas. Si no quieren ponerse la ropa, ese es su problema. Déjales saber que no estás asustada, o finge al menos que no te importa. Que se enteren de que si quieren ir con todo colgando, muy bien, pero que tú eres reportera y piensas hacer tu trabajo».

Acepté el consejo sin poder decir ni una palabra. ¡Tenía toda la razón! Su sabiduría era sencilla, pero me cambió la vida. Su experiencia, obtenida después de casi cincuenta años en la profesión, le habló de lleno a mi incomodidad e inseguridad. Su atrevido consejo fue como mantequilla de cacahuete para mi mermelada, el refuerzo perfecto para mi actitud en exceso dulce y amable. En cuestión de un instante, sus palabras influirían para siempre en mi capacidad de hacer mi trabajo en cualquier situación, ya fuera cómoda o incómoda.

Con una determinación renovada, hice lo que mi colega me aconsejó y me acerqué al jugador que andaba buscando. Lo miré a los ojos y le dije: «¡Bueno, vamos allá!». Él me miró con su mejor cara de póquer. «Y por cierto», añadí, «¿puedes taparte un poco más con otra toalla?».

Él me miró un poco acobardado, pero buscó otra toalla y obedeció. A partir de aquel día, me respetaron más que nunca, porque les hacía entender a los jugadores que no podían dictarme cómo realizar una entrevista. Estaba allí para hacer mi trabajo, estuvieran vestidos o no.

MEDIDAS DESESPERADAS

Todo salió bien fundamentalmente por una razón: en un momento de crisis confié en que Dios me ayudaría. Siempre recordaré a aquel hombre sabio, amable y experimentado que me enseñó algo valioso con solo un par de frases. No podía controlar los actos de los demás. A lo sumo, podía solo influir en ellos, como por ejemplo pidiéndole a aquel jugador que se tapara. No obstante, sí podía controlar el tipo de trabajo que hacía confiando en Dios y en que él me había llamado a hacerlo.

Quiero aclarar algo, yo también jugaba un papel en aquel momento. Sí, tenía que querer aprender y ser flexible en una situación difícil de mi vida. Tenía que elegir cómo respondería. Lo que parece más fácil de hacer después de ocurrido el hecho. En el momento, solo deseamos que las cosas salgan de la manera en que queremos, del modo en que esperamos. Como resultado, nuestra respuesta en las situaciones difíciles es tan variable como las olas que golpean las costas. Así como las mareas son a menudo regulares, a veces sabemos cómo responderemos en medio de una situación caótica, y en otras ocasiones nos sentimos tan sorprendidos como los que nos rodean cuando la tormenta llega y la vida se derrumba.

Detente un momento a pensar en cómo has respondido cuando la vida te ha lanzado una pelota curva. ¿Recurriste a Dios en busca de ayuda? ¿Te mostraste flexible y dispuesto a aprender? ¿Decidiste aprender cómo rectificar o hiciste oídos sordos y te negaste a continuar? Tu respuesta en situaciones de crisis suele determinar el resultado. Puede que este sea el momento ideal para apoyarse en la Palabra del Señor y ver cómo nos anima a responder. «El que desprecia la disciplina sufre pobreza y deshonra; el que atiende la corrección recibe grandes honores» (Proverbios 13.18).

¡Ay! Sí, a veces cuesta aceptar lo que nos dicen las Escrituras, sobre todo cuando pensamos que lo sabemos todo, al menos eso es cierto en lo que a mí respecta. Buscar tu camino en la vida y perseguir un destino establecido según el propósito divino debe incluir también momentos de bandera roja. Momentos que implican un desafío inesperado o un obstáculo molesto. Momentos de enseñanzas divinas y crítica constructiva.

Y no se trata únicamente de obedecer y confiar en Dios, pues él nos promete que aquellos que acepten la corrección recibirán grandes honores. Los obstáculos no se presentan para detenerte, sino para liberar tu potencial. La corrección significa que vas perfeccionando tu camino en la dirección correcta. Depender de Dios significa que no puedes hacer las cosas por ti mismo, lo cual es bueno, porque si pudiéramos hacerlo todo nosotros solos, ¡podríamos llegar a la conclusión errónea de que no lo necesitamos!

Aunque es posible que la corrección no siempre se sienta bien, lo bueno es que Dios jamás permitirá que nos hundamos. No tienes que pasar el proceso tú solo. Habla con él y con gusto te ayudará. Yo estaba tan enfadada aquella vez en el vestidor que lo único que se me ocurrió fue pedirle ayuda; y como Dios siempre está a nuestro lado, hizo precisamente eso. Envió a aquel reportero veterano, alguien a quien yo conocía y respetaba, para que me enseñara algo que me sirviera para corregir mis ideas y guiarme hacia la mejor forma de responder ante la situación.

Puede que el viejo refrán sea verdad: en momentos desesperados se requieren medidas desesperadas.

Y la medida más desesperada de todas es orar.

CÓMO LA DESESPERACIÓN SE CONVIERTE EN DETERMINACIÓN

La desesperación no llega solo cuando nos topamos con un obstáculo inesperado, como el que viví yo aquella noche en los vestuarios. La verdadera desesperación suele ser mucho más profunda y perdurar mucho más. Cuando estamos desesperados de verdad, deseamos que Dios haga algo —ya sea proveer, resolver, sanar, reconfortar o guiar— que no podemos hacer nosotros solos. En realidad, la fuente de la desesperación a veces puede parecer imposible según los estándares humanos. Esa clase de desesperación da lugar a una intensidad y un fervor que puede volvernos locos o empujarnos hacia el Señor.

Uno de mis héroes del Antiguo Testamento es una mujer que oró sin parar al Señor pidiéndole que le concediera lo que más deseaba en su corazón. Como muchas otras mujeres antes y después que ella, Ana deseaba tener un hijo, un niño, que completara su familia y alegrara a su marido. Examinemos con más detalle la profundidad de su desesperación:

> Con gran angustia comenzó a orar al Señor y a llorar desconsoladamente [...]
> Como Ana estuvo orando largo rato ante el Señor, Elí se fijó en su boca. Sus labios se movían, pero, debido a que Ana oraba en voz baja, no se podía oír su voz. Elí pensó que estaba borracha, así que le dijo:
> —¿Hasta cuándo te va a durar la borrachera? ¡Deja ya el vino!
> —No, mi señor; no he bebido ni vino ni cerveza. Soy solo una mujer angustiada que ha venido a desahogarse delante del Señor. No me tome usted por una mala mujer. He pasado este tiempo orando debido a mi angustia y aflicción.
> —Vete en paz —respondió Elí—. Que el Dios de Israel te conceda lo que le has pedido. (1 Samuel 1.10, 12-17)

¿Imaginas que tu pastor te oyera susurrando la misma oración una y otra vez hasta el punto de que te preguntara si estabas *borracho*? ¡Eso es desesperación, mi amigo! El trasfondo que se oculta tras la petición de Ana tiene que ver con la otra mujer de su esposo Elcaná; sí, la poligamia formaba parte de la cultura por ese tiempo. El caso es que la otra esposa no había tenido problemas para quedarse embarazada. Con todo, las Escrituras nos dicen que Elcaná amaba de verdad a Ana (1 Samuel 1.5) y siempre le daba una ración doble de la carne que llevaba a casa. Celosa, la otra esposa atormentaba a Ana, recordándole todo el tiempo que no había sido capaz de darle hijos a su esposo.

Sin embargo, los insultos no hicieron sino fortalecer la determinación de Ana. De manera que esta se negó a comer, dormir o hacer algo, excepto pasarse el día rogándole a Dios por el hijo que tanto deseaba. Imagino que iría a la casa del Señor y oraría ferviente y apasionadamente, con estas palabras: «Haré lo que quieras, Señor, pero por favor, dame un hijo». Es más, decidió que si Dios le daba el hijo que tanto deseaba, se lo devolvería. Lo dedicaría al servicio del Señor y dejaría que lo criaran en el templo y lo adiestraran para el sacerdocio. Ana debió haber orado sin parar día tras día, semana tras semana, pidiendo que Dios cumpliera su deseo.

Entonces, un día estaba orando en el templo cuando empezó a ponerse el sol. ¿Te imaginas el tiempo que llevaría allí aquella pobre mujer? De repente, se apareció Elí, el anciano sacerdote, y se quedó mirándola en silencio. Es posible que ella también lo viera, pero no le hizo caso y siguió con su profunda letanía ante el trono de Dios. Tal vez Elí mirara a Ana de forma extraña y se preguntara si le ocurriría algo, lo cual podría explicar que quisiera saber si estaba borracha.

Y fue en ese momento que Ana compartió su carga con aquel anciano sacerdote al explicarle por qué tenía los ojos rojos y se le quebraba la voz. Al fijarse en su rostro enrojecido y surcado de lágrimas y escuchar la triste historia, el sacerdote aceptó la respuesta de Ana y la bendijo, tras lo cual se unió a ella y rogó a Dios que le concediera lo que deseaba. Ana le dio las gracias y se marchó, ¡ansiosa tal vez por contarle a su esposo que el sacerdote del templo había creído que estaba borracha!

De la bandera roja de la desesperación de Ana surgió el poder de rendirse a los designios de Dios. Me gusta que se negara a perder toda esperanza y siguiera orando, confiando y rogándole a Dios. Muchas veces nos sentimos tentados a rendirnos —a dejar de creer en nosotros mismos, en nuestros sueños, en Dios— cuando nos topamos con un obstáculo que no sabemos cómo apartar. Sin embargo, ahí radica nuestra necesidad de Dios. Como el propio Jesús le explicó una vez a sus discípulos: «Para los hombres es imposible [...] mas para Dios todo es posible» (Mateo 19.26).

La historia de Ana tiene un final feliz, pero aunque no lo tuviera, seguiría siendo un ejemplo de lo que significa aprender a depender de Dios en medio de la desesperación. Luego de que ella regresara a casa, al día siguiente recuperó el apetito y se percató de lo hambrienta que estaba. Después de comer y recuperar sus fuerzas, también notó que su fe y su confianza en que Dios le daría un hijo eran más fuertes. Como es natural, Elcaná y ella concibieron un hijo que nació a los nueve meses, Samuel, a quien dedicaron al servicio de Dios. El nombre del bebé, Samuel, significa «Dios oyó».

La historia de Ana sigue siéndonos extremadamente útil a la hora de pensar en nuestros deseos y cómo manejarlos. Y no solo es porque su historia tenga un final feliz, puesto que consigue lo que tanto anhela. Lo que siempre debemos recordar es que Ana tuvo fe cuando no sabía si su deseo se cumpliría o no. Ana no se rindió, a pesar de que los meses pasaban y su deseo no se hacía realidad. Ella nos recuerda que cuando estamos desesperados, tenemos que buscar a Dios.

Tal vez debamos empezar por darle nombre a lo que deseamos. Muchas veces estamos tan estresados por el trabajo, las compras, hacer la cena, limpiar, dejar a los niños en el colegio y al otro día empezar todo de nuevo, que no nos damos ni cuenta de lo que queremos. ¿Qué es lo que deseas ahora mismo en tu vida?

¿Anhelas algo especial en tu vida como le ocurría a Ana? Es posible que te suceda igual que a ella, que desees tener hijos e incluso hayas tenido dificultades para concebir. Quizás anhelas una pareja y no encuentras a esa persona con la que pasar el resto de tu vida. O puede que tu anhelo tenga que ver con los estudios universitarios o con ese trabajo dentro de un ámbito en particular. Tal vez deseas lanzar tu propio negocio, jubilarte a una edad temprana o empezar una nueva profesión.

Todos tenemos un sueño, algo que creemos que forma parte de nuestro destino, pero que no siempre parece ceñirse a nuestra agenda y nuestras expectativas. Y mientras más mayores nos hacemos, más difícil se hace confiar en que ese sueño vaya a hacerse realidad. ¿Estás dispuesto a confiar y obedecer a Dios independientemente de que haga que tu sueño se cumpla o no?

Piensa simplemente en todo el tiempo que esperó Ana y en el trato que tuvo que soportar por parte de la otra mujer de su esposo. Seguro que Ana sabía lo difícil que es desear algo con tanta fuerza que hasta duele. Desearlo con toda el alma y ver que tus posibilidades van disminuyendo cada vez más. Y para terminar de empeorar las cosas, ver que otros consiguen lo que tú tanto deseas sin esfuerzo, a veces pareciera que hasta sin intentarlo, desearlo o apreciarlo realmente.

Ana me recuerda que nuestros anhelos y expectativas pueden hacer nuestra vida más difícil. Sin embargo, también pueden reforzar nuestra fe y acercarnos a Dios. Cuando afrontamos situaciones desesperadas, nos damos cuenta de que la fe es nuestro único recurso.

TRANSFORMA LOS MOMENTOS ROJOS EN TRIUNFOS VERDES

PROFUNDIZA

¿Cuál es tu expectativa actual? ¿Dónde radica el foco de la desesperación que sientes en estos momentos? ¿Qué es lo que esperas que Dios haga en tu vida? ¿Vives según lo que sabes que es cierto sobre Dios o controlando tú mismo lo que ocurre en tu vida? ¿Qué te hace falta para entregarte a Dios y poder superar así tu desesperación y transformarla en dedicación al Señor?

AVANZA

Tras reflexionar y orar incluso para encontrar la respuesta a estas preguntas, reflexiona por un momento y escribe tus pensamientos. Considera los motivos de desesperación que tenías miedo de sacar a la luz debido a que podrían ser dolorosos: la sanidad para pecados pasados, adicciones secretas o abusos vergonzosos. ¿Qué es lo que más deseas en el fondo de tu corazón, dónde reside tu desesperación? ¿Cuánto tiempo has pasado orando para intentar curar esos aspectos de tu persona? ¿En qué momento de anhelo se apareció Dios en el pasado? ¿Dónde quieres que esté Dios ahora? Tras escribir las respuestas, dedica un momento a orar y darle gracias a Dios por lo que ha hecho y lo que va a hacer en tu vida.

CAPÍTULO 4

RODEOS Y NUEVAS DIRECCIONES

REDEFINIR EL ROJO CUANDO ESTAMOS PERDIDOS

Si nunca te pierdes, hay una posibilidad de que nunca te encuentren.

—Anónimo

¿*Pero qué rayos...?*, pensé mientras me frotaba los ojos, cansada de tanto leer guiones en la sala de redacción. ¿*Puede ser posible que...?* Entré y me encontré de lleno frente a uno de los iconos más grandes en la historia del periodismo televisivo. El hombre que estableció el estándar de la excelencia, la integridad y la forma de transmitir en vivo que aún hoy se considera superior en el campo. Su nombre era Walter Cronkite.

Tal vez seas demasiado joven y no lo recuerdes, pero el señor Cronkite participó en el lanzamiento del programa *CBS Evening*

News e hizo famosa la cobertura de noticias en vivo. Siendo mejor conocido como «el hombre más fiable de Estados Unidos» durante varias décadas, cubrió cada momento importante acaecido durante las turbulentas décadas de 1960 y 1970: el asesinato del presidente Kennedy y Martin Luther King, la guerra de Vietnam, la llegada del *Apollo* a la luna, el Watergate o la crisis de los rehenes en Irán, entre otros.

Su imperturbable y grave voz de barítono daba las noticias con una fuerza, una empatía y una seriedad que conseguían que los televidentes sintieran que pese a las cosas tan terribles que ocurrían en el mundo, la vida podría continuar. El señor Cronkite terminaba cada transmisión con una frase propia: «Y así son las cosas...» seguida de la fecha. Yo crecí viéndolo en la televisión, y en mi pequeña y finita mente aquel hombre no era solo un periodista; ¡él *era* la noticia!

Y, sí, allí estaba —¡que alguien me pellizque!— en la redacción de la cadena, una filial de la CBS en Anchorage, Alaska, un martes común por la tarde. Mis compañeros y yo estábamos preparándonos para las noticias de las 5:00 y las 6:00 p.m. cuando esta leyenda de la televisión se presentó en la redacción, tan modesto y sencillo. No obstante, lo cierto es que todo nuestro ajetreo y bullicio cesó en cuanto lo vimos.

FUENTE PRIMARIA

Era surrealista del todo ver al hombre que literalmente había definido el significado de un presentador de noticias hablando con nuestro director... ¡solo a escasos centímetros de mí! No podía imaginar siquiera qué estaría haciendo allí, y mis compañeros de equipo, todos tan inmaduros e inexpertos como yo, estábamos igual de alucinados.

Nuestro silencio inicial se convirtió en un murmullo ahogado mientras de forma inconsciente formábamos un círculo alrededor de él y nuestro director. ¿Qué estaba haciendo Cronkite allí? ¿Cuánto tiempo pensaba quedarse? ¿Íbamos a hablar con él? ¿Se quedaría para las noticias? ¿Y quién era la mujer que lo acompañaba? Muchas preguntas.

Al darse cuenta de que todos estábamos muy nerviosos, el director nos dijo: «El señor Cronkite y su esposa, Betsy, han venido de vacaciones a Anchorage y decidieron visitar la cadena». Bueno, al fin las cosas empezaban a tener sentido. Después de todo, estábamos en uno de los estados más bellos del país, en un entorno único, ¡y quién no querría visitar Alaska al menos una vez en la vida! Jubilado desde hacía tiempo, el señor Cronkite encarnaba la verdad de que «cuando te conviertes en periodista, nunca dejas de serlo», y no había podido resistirse a visitar la cadena.

Así que rápidamente lo invitamos a dar un recorrido por nuestras poco impresionantes instalaciones. Tras las presentaciones y después de responder a nuestras preguntas iniciales, probablemente yo no fuera la única que me sentía deslumbrada y no sabía qué decir. ¿Cómo entablas conversación con tu héroe en el campo profesional? Sin embargo, el señor Cronkite nos facilitó mucho las cosas, sonriéndonos y haciendo comentarios sobre la distribución de la redacción, o preguntándonos qué estábamos preparando para las noticias de la noche.

Era fácil percibir su naturaleza paternal en cada palabra que pronunciaba. Con su cabello blanco, las cejas pobladas, el bigote y las mejillas sonrosadas era el abuelo con el que todo el mundo soñaba, sabio y afable, tranquilo y conocedor de los secretos que todos queríamos saber. Siendo una joven periodista de televisión que iba subiendo peldaños de cadena en cadena, deseaba con todo mi corazón poder sentarme a sus pies a escuchar sus historias llenas de sabiduría, y francamente *cualquier* cosa que quisiera contarme en realidad.

Ahora que lo pienso, no sé cuánto conversamos, y en aquel momento no importaba, porque recibimos infinidad de consejos de uno de los mejores. Nada de exageraciones ni revelaciones secretas, solo pura sabiduría con la que alimentar nuestros sueños y en la que apoyarnos en nuestro viaje, sugerencias con las que moldear el futuro y que me ayudaran a comprender mi pasado. A saber, soñar a lo grande, esforzarse y no rendirse *jamás*. «Sigan soñando», dijo, «pero recuerden que hace falta pasión y *resistencia* para alcanzar el éxito».

Por último, nos dio a todos las gracias por haberles dejado visitar la cadena, y me sentí la chica más afortunada del mundo cuando me tomé una foto con Cronkite, y luego con él y su esposa. Y después de esto se fueron.

VALLE DE SOMBRAS

Cuando recuerdo la tarde que pasé con Walter Cronkite, me sorprende el impacto que tuvo sobre mí. Jamás olvidé su lema, es más, siempre he tratado de cumplirlo, en el ámbito periodístico y también en el personal, sobre todo cuando las cosas se ponen difíciles y me dan ganas de rendirme. Una de estas temporadas tuvo lugar unos pocos años antes de conocer al señor Cronkite, cuando tuve que tomar una importante decisión sobre qué dirección tomar en la vida.

Cuando llegué a FOX Sports, supe que por fin había alcanzado mi sueño profesional, o al menos eso pensaba yo. Trabajaba en Seattle, mi ciudad, cubriendo noticias relacionadas con los equipos que había visto en televisión desde pequeña: los Seahawks, los Mariners y los Sonics. Era un sueño hecho realidad. Vivía en una bonita casa en el lago Washington, tenía un auto nuevo y me encantaba mi trabajo en el alocado mundo del deporte profesional. Mi vida era *muy* buena.

Hasta que dejó de serlo.

Un día, los ejecutivos de la cadena empezaron a llamar a mis compañeros a sus despachos y los despidieron. Fue horrible. No tenía ni idea de si yo me salvaría o sería la siguiente en ser llamada a un despacho. A lo largo de dos días vi desfilar ante mis ojos con sus pertenencias en una caja a muchas personas que me caían bien y con quienes me gustaba trabajar, tras una rápida despedida llena de lágrimas. Entonces me tocó a mí acudir al despacho corporativo, y supe que no iban a ser buenas noticias.

Me dijeron que lo habían intentado, que incluso habían realizado cambios para evitar despedirme. Sin embargo, yo ni siquiera escuchaba lo que me decían. Era como en las tiras de Charlie Brown en las que su profesora habla sin parar: «Bla, bla, bla». Lamentablemente, nada de lo que pudieran decirme importaba. Si has pasado por ello alguna vez, seguro que me darás la razón. Nada de lo que alguien te diga puede animarte. No obstante, al menos conseguí salir de allí con gracia pese a cómo me sentía. Recuerdo que hice acopio de fuerzas y dije: «Gracias. Ha sido maravilloso trabajar en la FOX, y he aprendido mucho».

Así que allí estaba yo en una situación completamente horrible. En la industria de la televisión, otras emisoras, programas y cadenas solo quieren contratarte cuando tienes trabajo. Es muy difícil conseguir trabajo cuando no tienes ninguno. Y, por supuesto, yo no había estado buscando debido a que ya tenía un trabajo, uno bueno que me gustaba mucho. Pensé que no tenía motivo para enviar mi currículum a otras cadenas.

Afortunadamente, había ahorrado dinero, de modo que no tenía que entrar en pánico todavía. Lo único que podía hacer era confiar en que pasara rápido aquella temporada sin trabajo. Las cosas no fueron mal durante los primeros cuatro meses. Al quinto, mi agente ya tuvo que decirme que no me preocupara. No obstante, empezaba a preocuparme. Después de todo, estaba pagando una hipoteca, un auto, y tenía otros gastos mensuales. Así que intenté vivir de manera frugal mientras buscaba trabajo y procesaba la decepción que acompañaba a mi nueva falta de dirección.

No resultó fácil, pero quería seguir creyendo que Dios sabía lo que hacía. A lo mejor me esperaba un trabajo mejor. Tal vez tuviera en mente algo más relacionado con servirle. No podía saberlo, pero tenía que seguir confiando y esforzándome. Aquello fue para mí la definición de la resistencia, sobre todo después de pasar unos meses tan malos. Resistir significa seguir en el juego cuando lo único que quieres es rendirte. Para resistir es necesario tener fe en Dios y encontrar un nuevo camino por el que continuar avanzando cuando te sientes perdido.

FE PARA SEGUIR HACIA DELANTE

Durante ese tiempo me acerqué aún más a otro de mis héroes personales, una campeona de la resistencia llamada Rut. Cuando me quedé sin trabajo, la historia de Rut me recordó que debía buscar en mi interior la fuerza para creer en Dios y perseverar, aunque me sintiera perdida y no fuera capaz de ver por dónde seguir. Consideremos su historia, la cual se narra en el libro de Rut del Antiguo Testamento, y cómo esta puede continuar proporcionando una brújula de esperanza en la fidelidad de nuestro Padre.

La historia de Rut en realidad comienza con sus suegros, Noemí y Elimélec, quienes emigraron al otro lado de la frontera de Judá. Teniendo en cuenta la recesión que ha sufrido nuestro país recientemente y las turbulencias económicas, es fácil entender por qué una familia abandonaría su hogar en busca de trabajo y una nueva vida en otro lugar. Para Noemí y Elimélec, el cambio significaba dejar atrás sus problemas en Belén y empezar de cero en la desconocida tierra de Moab. Era un movimiento arriesgado, pero durante un tiempo pensaron que había merecido la pena. Aun con la inesperada muerte de su esposo, Noemí encontró alivio en que sus dos hijos adultos se quedaran cerca de ella tras casarse con dos jóvenes de aquella tierra.

Al cabo de diez años, justo cuando Noemí empezaba a disfrutar nuevamente de la vida, ocurrió lo impensable. Esta madre perdió no a uno, sino a *sus dos* cariñosos hijos. Las Escrituras no nos cuentan cómo o por qué murieron, tan solo mencionan que los dos fallecieron por el mismo período de tiempo. Ninguna madre quiere pensar en que pueda sobrevivir a sus hijos, aunque sean adultos. Noemí se quedó destrozada. Había perdido a su esposo y a sus dos hijos en poco más de diez años, en una tierra que debió de parecerle insoportable después de todo el dolor que había sufrido en ella. Debió sentirse totalmente perdida, incapaz de seguir viviendo allí aunque aparentemente Dios los hubiera guiado hasta ese lugar.

De modo que Noemí decidió volver a su pueblo natal, sin pensar que sus dos nueras, Orfa y Rut, querrían irse con ella. Pero así fue. No obstante, por amable que fuera su ofrecimiento, ella no podía permitir que aquellas dos mujeres jóvenes abandonaran su hogar para empezar de cero en un país desconocido.

Entonces Noemí les dijo a sus dos nueras:

—¡Miren, vuelva cada una a la casa de su madre! Que el Señor las trate a ustedes con el mismo amor y lealtad que ustedes han mostrado con los que murieron y conmigo. Que el Señor les conceda hallar seguridad en un nuevo hogar, al lado de un nuevo esposo.

Luego las besó. Pero ellas, deshechas en llanto, exclamaron:

—¡No! Nosotras volveremos contigo a tu pueblo.

—¡Vuelvan a su casa, hijas mías! —insistió Noemí—. ¿Para qué se van a ir conmigo? ¿Acaso voy a tener más hijos que pudieran casarse con ustedes? ¡Vuelvan a su casa, hijas mías! ¡Váyanse! Yo soy demasiado vieja para volver a casarme. Aun si abrigara esa esperanza, y esta misma noche me casara y llegara a tener hijos, ¿los esperarían ustedes hasta que crecieran? ¿Y por ellos se quedarían sin casarse? ¡No, hijas mías! Mi amargura es mayor que la de ustedes; ¡la mano del SEÑOR se ha levantado contra mí!

Una vez más alzaron la voz, deshechas en llanto. Luego Orfa se despidió de su suegra con un beso, pero Rut se aferró a ella.

(Rut 1.8-14)

Fue un momento confuso y doloroso, y Noemí les ofreció la excusa perfecta para que no la acompañaran. No quería que las dos jóvenes experimentaran el sufrimiento y las privaciones que con seguridad iba a conocer ella en lo que le quedaba de vida. Noemí llegó a dar por hecho que la mano del Señor se había vuelto en su contra debido a lo difícil de sus circunstancias y no quería que las esposas de sus hijos se encontraran en la misma situación inesperada y devastadora.

Si bien Orfa aprovechó la oportunidad para darse la vuelta y regresar a Moab, Rut eligió un camino diferente. Orfa vio el momento de detenerse y Rut el de seguir adelante. ¿Por qué? Porque ella amaba a su suegra y no soportaba la idea de dejar que se enfrentara sola al mundo. Pese a no rendirle culto al mismo Dios de su fallecido esposo y la familia, Rut mostró que tenía fe en la bondad del Señor.

Cuando nos sentimos perdidos y confundidos ante acontecimientos inesperados o una pérdida insoportable, debemos recordar el ejemplo de resistencia de Rut. Ella amaba a los demás y a Dios con un profundo compromiso que no es habitual. No solo no quiso abandonar a su suegra, sino que encontró el valor necesario para seguir adelante, hacia el destino que Dios les tenía preparado. Estaba dispuesta a creer que Dios no las había llevado tan lejos para dejarlas sola en una situación tan mala.

Y si conoces el resto de la historia de Rut, sabrás también que Dios se preocupó por su bienestar y el de Noemí de la manera más impresionante: al llegar a Belén, un pariente suyo llamado Booz, que era un terrateniente adinerado, cuidó de ambas y terminó enamorándose de Rut y casándose con ella. ¡El final feliz es aún más espectacular! Booz y Rut tuvieron un hijo al que llamaron Obed, que más adelante sería padre de Isaí, padre a su vez del rey David, el pastor elegido por Dios para convertirse en rey de Israel.

Y la historia no termina ahí, por supuesto, ya que el árbol genealógico de la familia de David nos lleva directamente al pesebre, al Hijo de Dios, Jesús. De hecho, el nombre de Rut aparece en la genealogía de Cristo en el Nuevo Testamento, un detalle notable dado que los nombres de las madres rara vez se mencionan en estas listas. La historia de Rut nos recuerda que cuando nuestras expectativas se salen del camino, debemos confiar en que Dios sabrá guiarnos hacia nuestro verdadero destino. Él siempre tiene un plan.

UNA PRUEBA DE RESISTENCIA

Puede ser difícil confiar en Dios y el plan que nos tiene preparado cuando vemos que las cosas no marchan como deberían. Resulta inevitable que nuestra resistencia sea puesta a prueba, como les ocurrió a Rut y Noemí. Cuando me quedé sin trabajo, no pude pagar el seguro del auto por primera vez en mi vida. Al llegar a ese punto, comencé a hablar de verdad con Dios para decirle cómo me sentía, y tengo que admitir que estaba un poco disgustada, tal vez como Noemí cuando tuvo que abandonar Moab. Aun así, seguí confiando en que Dios proveería y cambiaría las cosas. Resistí porque sabía que mi reacción a estos reveses del destino determinaría lo que podría ocurrir después.

Aquella época de mi vida puso a prueba la misma esencia de quién era. No dejaba de preguntarme quién era yo en realidad y si podría recuperarme. Ya no disfrutaba de las comodidades que había tenido tiempo atrás. Me sentía deshecha y despojada de todo lo que conocía. ¿Estaba tocando el famoso «fondo» del que tanto había oído hablar? Porque si era eso, tenía la sensación de haber caído de cabeza en él. Lo que una vez fuera lo normal en mi vida ya no lo era.

¡Y justo cuando no podía imaginar que las cosas pudieran empeorar, lo hicieron! Era la noche del Día de Acción de Gracias y mi hermana y yo volvíamos a casa en el auto después de una fantástica cena con la familia y amigos cuando un vehículo salió de la nada y chocó contra nosotras. El conductor se había saltado un semáforo en rojo y giró a la izquierda en una intercepción. ¿Recuerdas que había dicho que no había podido pagar el seguro del coche? Aquello no pintaba bien.

No te puedes imaginar cómo temblaba. No tenía trabajo, no tenía seguro, y ahora tenía un auto que daba vergüenza. Así es. ¡Cuando llevas sujeto el parachoques con cinta adhesiva, la ventanilla del conductor no baja y no llevas retrovisor, da un poco de vergüenza conducir! Intenta ir a uno de esos restaurantes en los que recoges el pedido en el auto sin poder bajar la ventanilla. ¡No te queda más remedio que parar y abrir la puerta!

Y allí estaba yo, una antigua reportera de FOX Sports, una profesional de la televisión en su camino de ascenso, obligada a sujetar con cinta adhesiva partes del coche para que no se cayeran al suelo. Ahora bien, soy consciente de que comparados con el hambre en el mundo, la persecución de las personas por sus creencias religiosas y las terribles crisis que asolan el planeta, mis problemas eran pequeños, pero en aquel momento me sentí totalmente abrumada.

Y encima salió a relucir mi orgullo. Cuando era más joven, podría haberme encogido de hombros, tomado el autobús y no dado más vueltas al asunto. O podría haberles pedido ayuda a mis padres, pero cada vez que lo pensaba, me decía: *¡Eres una persona adulta! ¡No puedes llamar a papá y mamá!* Así que tendría que seguir conduciendo mi pobre coche, tratando de aparcar siempre del lado que se veía bien.

Con todo, seguí adelante, resistí. Pasaron seis, siete y ocho meses sin trabajo. Empezaba a sentir pánico. Me acuerdo de que oraba: «¿Qué está pasando, Señor? ¿Tan alto está tu trono que no me oyes? ¿Hay alguien ahí? ¿Has visto mi auto? No está en muy buen estado. Y mi casero ha vuelto a preguntarme por el alquiler. Es amable, pero se le está acabando la paciencia. ¡Por favor, Señor, necesito ayuda!».

¿QUIÉN SUJETA TU ESCALERA?

Si conseguí sobrevivir en aquella terrible época de mi vida tras el despido (y lo hice; sabrás más en el próximo capítulo) fue gracias a mi fe en Dios y a que aprendí a confiar en los demás. Cuando nos sentimos perdidos, inevitablemente nos sentimos solos y tentados a encerrarnos en nosotros mismos y aislarnos aún más. Rodearse de personas que van en la misma dirección que nosotros desde el punto de vista espiritual resulta vital para alcanzar el destino que Dios nos tiene reservado.

Mitch, mi jefe en mi antiguo trabajo que tuve en Hattiesburg, Mississippi, sigue siendo una de las personas más positivas y que más han influido en mí con su aliento. Hasta el día de hoy sigue llamándome para preguntarme: «¿Qué tal te va, Elictia?». Me encanta ese marcado acento sureño que tiene. Pensar en todo lo que he aprendido de él, incluido cómo levantarme después de un tropiezo, siempre me hace sonreír.

Y no me refiero únicamente a aquella ocasión en la que tuve que hacer una trasmisión en vivo en plena tormenta sobre la que he contado antes. Mitch siempre nos enseñaba algo y nos guiaba en todo lo que hacíamos. Él era así. Todavía recuerdo cómo convirtió el incidente que tuvo lugar un viernes por la noche en un partido en una enseñanza.

Estábamos ocupados con nuestras tareas habituales, preparándonos para grabar el partido, cuando Mitch dijo: «¿Están viendo lo que está sucediendo ahí abajo?». Yo miré y vi que el entrenador estaba discutiendo con un jugador. «Ahora mismo, ese joven acaba de incumplir el pacto que tenía con su entrenador. Está faltándole el respeto a la autoridad a la que supuestamente se ha comprometido a obedecer al ponerse ese uniforme». Vivimos infinidad de momentos como ese en los que Mitch me enseñó a ser no solo mejor periodista, sino también una mujer de Dios.

En aquel punto bajo de mi vida, me acordé de personas como Mitch y di gracias por su sabiduría, su consejo y su apoyo más que nunca. Sentía como si me hubieran tirado de la escalera corporativa del éxito por la que iba ascendiendo, pero personas como Mitch me ayudaron a levantarme y subir de nuevo.

Hacia dónde nos dirigimos y qué es lo que Dios nos tiene guardado es algo específico para cada uno de nosotros. No todo el mundo puede servir de guía, porque no todo el mundo posee la sabiduría o la percepción para ayudarnos a llegar a nuestro destino. De modo que es importante rodearnos de personas que vayan en la misma dirección que nosotros, pero también tener cuidado de a quién seguimos o escuchamos.

Imaginemos un bebé que está dando sus primeros pasos. Como madre, cuando mis hijos empezaron a caminar, les decía: «Vamos, puedes hacerlo. ¡Estoy aquí!». Y les tendía los brazos para agarrarlos si tropezaban, para darles apoyo y ánimo. Tomemos esta analogía y miremos hacia arriba. Imaginemos los peldaños de la escalera de nuestro destino que Dios nos ha preparado y pensemos en las personas que querríamos que la sujetaran.

De manera que la persona que nos sujeta la escalera es de vital importancia. Rut no quiso abandonar a Noemí en el peor momento de su vida y se quedó con ella para ayudarla a subir el siguiente peldaño de la escalera. Más adelante, cuando llegaron a Belén, Noemí le devolvió el favor y le aconsejó en lo concerniente a su relación con Booz. David tuvo a Jonatán. Pablo tuvo a Bernabé y Timoteo. Las personas a las que les permitimos ser parte de nuestra vida pueden ser determinantes cuando tenemos un problema o nos sentimos perdidos.

Según mi experiencia, la escalera debería sujetarla alguien que haya subido los peldaños varias veces de manera que pueda compartir contigo lo que ha aprendido. Querrás que sean personas que han ascendido para que puedan aconsejarte y que así tu propia subida sea más fácil. Querrás que sean personas que quieran verte tener éxito, que crean en ti y no teman corregirte cuando te equivocas.

Lo que estoy diciendo es que no todo el mundo sirve para sujetarle la escalera a otro. De hecho, solo algunas personas pueden y deberían sujetarnos la escalera en determinados momentos de la vida. Mitch lo hizo por mí en su momento. Poseía el conocimiento y la experiencia, y estaba dispuesto a que llegara más alto con su ayuda.

Otra persona que me viene a la mente es Kevin Frazier, que trabajaba conmigo en FOX Sports y después pasó a presentar *Entertainment Tonight*. Él trabajó en ESPN y muchos otros sitios, pero durante un tiempo me sujetó la escalera. Podía llamarlo, hacerle preguntas y pedirle consejo sobre mi carrera, porque él se encontraba donde yo quería estar.

Mitch y Kevin son dos de las muchas personas que me han guiado y han sujetado mi escalera en algún punto del camino. Han sido una parte crucial en mi viaje. No podemos subestimar la importancia de tener a alguien que te diga por dónde debes ir que ya ha estado allí y pueda ayudarte a encontrar tu camino.

ENCONTREMOS NUESTRO CAMINO

Cuando nos encontramos en una situación complicada que preferiríamos no tener que afrontar, debemos perseverar y tomárnoslo con calma, poco a poco. Cuando nos sentimos perdidos, la vida se convierte en una prueba de resistencia que requiere una combinación de resiliencia y paciencia que solo proviene de nuestro interior. Me gusta describirlo como «paciencia con un propósito», porque hay que elegir ser paciente, confiar en Dios y resistir ante las circunstancias que te rodean.

Cuando nos sentimos perdidos en las vueltas y los contratiempos de la vida, debemos confiar en que Dios sabe adónde vamos y cómo llegaremos a ese lugar. Nuestro Padre celestial que todo lo sabe ha planeado nuestra vida y conoce a qué tendremos que enfrentarnos. Sin embargo, él nos ama y quiere lo mejor para nosotros, aunque no podamos ver lo que hace o por qué permite que ocurran ciertas cosas. ¡Me alivia saberlo, de verdad!

Gran parte de las cosas que nos preocupan escapan a nuestro control, por lo que preocuparse por ellas no resuelve nada. Por otro lado, sabemos que con Dios nada es imposible, y nada escapa a su control. Aunque sintamos que no tenemos el control de nuestra vida, podemos relajarnos al saber que él está al tanto de todo. Me gusta mucho lo que el rey David escribió en uno de sus muchos cantos de alabanza a Dios en Salmos:

Señor, tú me examinas,

    tú me conoces.

Sabes cuándo me siento y cuándo me levanto;

    aun a la distancia me lees el pensamiento.

Mis trajines y descansos los conoces;

    todos mis caminos te son familiares.

No me llega aún la palabra a la lengua

    cuando tú, Señor, ya la sabes toda.

Tu protección me envuelve por completo;

    me cubres con la palma de tu mano.

               (Salmos 139.1-5)

Este salmo nos recuerda que Dios tiene en sus manos el mapa para el viaje de nuestra vida y también el combustible que necesitamos. Dado que él es nuestro Creador, haríamos bien en alinear nuestros deseos con los suyos y lo que ha planeado para nosotros. Lo que tenemos que hacer es conectarnos a aquel que dirige un GPS de última generación para nuestra vida, siguiendo sus consejos e indicaciones hasta el destino que nos aguarda por designio divino.

O, en vez de un mapa, digamos que la visión de Dios para nuestra vida es como un plano. Creados por arquitectos y seguidos por albañiles para levantar una casa o un edificio, los planos nos proporcionan una imagen tanto de las partes por separado como del conjunto. En una obra, no son los carpinteros, los electricistas, los fontaneros y otros profesionales los que crean la imagen de la estructura terminada y dirigen a los demás, sino el constructor, la persona que reúne a todos los participantes y sus contribuciones para crear un trabajo completo bien hecho.

De manera similar, Dios es nuestro Maestro Constructor, el que posee los planos de nuestra vida y quiere darnos el poder para que alcancemos todo nuestro potencial. Él ve lo que otros, incluidos nosotros mismos, no podemos ver. Él sabe hasta dónde podemos resistir y quiere que crezcamos y nos fortalezcamos mediante la superación de nuestras debilidades. Fue el apóstol Pablo dijo: «Somos hechura de Dios, creados en Cristo Jesús para buenas obras, las cuales Dios dispuso de antemano a fin de que las pongamos en práctica» (Efesios 2.10). Dado que él sí sabe lo que nos espera, dónde va cada pieza y cómo encajan todas al final, le resulta fácil guiarnos. ¿Acaso no queremos contar con alguien que sepa guiarnos? ¡Por supuesto que yo sí!

Me gusta mucho lo que Moisés les dijo a los hijos de Israel como nos cuenta Deuteronomio. Tras sacarlos de Egipto y guiarlos durante alrededor de cuarenta años en la búsqueda de un nuevo hogar, Moisés les explicó, con casi ciento veintiún años, que ya no sería él quien los condujera hacia la tierra prometida. Les dijo también que Dios había elegido a Josué para que continuara con la tarea. Consciente de que esta transición y el futuro podrían generar miedo en su pueblo, el Señor les aseguró a través de Moisés que sus enemigos ya habían sido derrotados y todo iba a salir bien.

¿Cómo podía ser esto posible? Porque Dios contaba con su plano. Él sabía que el pueblo de Israel se enfrentaría a la oposición de sus enemigos, y eso les causaría preocupación y miedo. Esta transferencia de poder fue un claro recordatorio para ellos de que Dios era el único que poseía los planos de sus vidas y estaría disponible en todo momento a fin de brindarles el valor necesario para afrontar todos los obstáculos que les salieran al paso. Moisés dijo: «Sean fuertes y valientes. No teman ni se asusten ante esas naciones, pues el Señor su Dios siempre los acompañará; nunca los dejará ni los abandonará» (Deuteronomio 31.6).

Saber que Dios tiene los planos de nuestra vida nos proporciona el aliento que necesitamos cuando las cosas parecen difíciles. Nos permite recordar quiénes somos y a quién pertenecemos y seguir caminando con fe aunque el camino esté oscuro. ¡Somos los hijos de Dios, su obra, y más valiosos que los rubíes! Estamos hechos con verdadera maestría, creados a su imagen y semejanza, y dotados del poder del Espíritu Santo. Es posible que nuestras circunstancias cambien, pero estas verdades atemporales continuarán siempre igual. Dios es el mismo ayer, hoy y mañana, tal como nos promete su Palabra (Hebreos 13.8). No importa lo perdidos que nos sintamos, él nos mostrará el camino.

TRANSFORMA LOS MOMENTOS ROJOS EN TRIUNFOS VERDES

PROFUNDIZA

¿Cuál es la situación más difícil que has tenido que enfrentar en la vida? ¿En qué sentido te sirvió para acercarte a Dios con humildad y depender de él? ¿Qué aprendiste de ello? ¿En qué sentido te ha servido para confiar más en Dios la próxima vez que las cosas no salgan como las habías planeado?

AVANZA

Todos necesitamos en ocasiones que nos sujeten la escalera, sobre todo cuando nos caemos y precisamos que nos ayuden a levantarnos y subir de nuevo. ¿Quién te sujeta la escalera? ¿O quién *podría* o debería hacerlo? ¿Cuentas con un mentor que te impulse cuando hace falta? Si lo tienes, reúnete con esa persona esta misma semana para conversar mientras almuerzan o toman un café. Y si no tienes a nadie que te sujete la escalera ahora mismo, dedica un poco más de tiempo a la oración y pídele a Dios que te presente en el momento adecuado a esa persona que puede ayudarte a subir al siguiente nivel.

CAPÍTULO 5

SACRIFICAR A NUESTRO ISAAC PARTICULAR

REDEFINIR ROJO CUANDO ESTAMOS ATASCADOS

La esperanza frustrada aflige al corazón;
el deseo cumplido es un árbol de vida.

—Proverbios 13.12

¿Cómo ha podido ocurrir algo así?, me preguntaba mientras salía del auto. *¿Cómo he podido llegar a esto?*

Di unos pasos y me arrebujé en mi chubasquero para protegerme de la fría neblina húmeda que me rodeaba. El aire olía a una mezcla de diesel y agua salada del puerto cercano. Era temprano, pero las calles y las aceras rebosaban ya de gente que iba al trabajo en transportes o caminando.

De verdad que no lo entiendo, pensé. *He trabajado en algunas de las cadenas de televisión más importantes del país, nacionales y franquicias internacionales. He entrevistado a leyendas del deporte como Shaquille O'Neal y Tiger Woods, Kobe Bryant y Steve McNair. Y estoy a punto de entrar en una agencia de trabajo temporal y aceptar el primer trabajo que me ofrezcan.*

Dejé a un lado el dolor y me puse la máscara para representar mi papel. Me había costado mucho madrugar, ducharme, elegir un conjunto profesional (no demasiado llamativo, pero con estilo), maquillarme y peinarme, y luego conducir hasta el centro de Seattle. Lo último que quería era derrumbarme emocionalmente después de todo el esfuerzo que había hecho.

La agencia estaba localizada en el último piso de un edificio de oficinas de ladrillo y cristal que daba a una calle con tiendas, un almacén y otros edificios más altos. Seguí las indicaciones que llevaban a unas escaleras y subí teniendo cuidado de no tropezar con los tacones. ¿Tanto tiempo llevaba sin trabajar que se me había olvidado cómo se caminaba con tacones?

—Hola. ¿La tenemos ya en nuestra base de datos? ¿Ha llamado antes? —me preguntó la mujer de cierta edad que atendía el mostrador de la recepción.

Yo intenté sonreír y le dije:

—No, aún no estoy en su base de datos, y sí, concerté una cita ayer.

—Estupendo —me contestó, distraída mirando a alguien que había entrado detrás de mí—. Firme aquí y alguien saldrá a recibirla enseguida.

Hice lo que me pedía y asentí. Me quité el chubasquero y me senté en un asiento libre de la sala de espera. La oficina tenía un aspecto un poco descuidado y destilaba el mismo aire de hastío que mi alma. Suspiré profundamente y elevé una oración mientras sacaba la carpeta con varias copias de mi currículum y le echaba un último vistazo. Costaba creer que la que fuera la chica de oro en otro tiempo hubiera perdido su brillo.

—¿Elictia?

Una mujer alta y delgada con el pelo corto de color castaño me sonrió y me invitó a seguirla. Nos sentamos en un pequeño cubículo no muy lejos de la recepción y le entregué mi currículum mientras charlábamos un poco de temas sin importancia. Su rostro al leer la hoja impresa en un papel de lino de un blanco impoluto lo decía todo. Me miró con gesto compasivo y dijo:

—Vaya, *Entertainment Tonight*, ESPN, FOX, un currículum impresionante. Usted es consciente de que aquí no gestionamos trabajos en la televisión, ¿verdad?

Me sonrió mientras decidía si yo era una ingenua o simplemente estaba desesperada.

—Sí, soy consciente —respondí, sonriéndole con toda la seguridad en mí misma que pude.

El resto de la conversación fue una entrevista de trabajo normal, y me describió algunos de los puestos administrativos que tenían disponibles. Le indiqué que estaba dispuesta a aceptar cualquier cosa —archivar, escribir a máquina, tomar notas— que pudiera proporcionarme un salario. Me dio las gracias y me fui.

Creo que el proceso en sí no duró más de veinte minutos, pero tenía la impresión de que habían pasado años. Acababa de hacer algo que jamás imaginé que haría. Ya no era una profesional de la televisión. Era una trabajadora temporal.

ENTENDIDO

Salí de la agencia y mientras caminaba hacia el auto empecé a hablar con nuestro Padre celestial. Sabía que él estaba obrando en mi corazón. Estaba sacando a relucir mi orgullo para que aprendiera a ser humilde, pero lo hacía con amor. Sentí que era lo mismo que solía hacer mi padre terrenal, aprovechar las experiencias de la vida para enseñarme algo.

Los últimos meses habían sido los más difíciles de mi vida, llenos de incertidumbre y miedo, ansiedad y preocupación por cuándo retomaría mi carrera. Después de perder mi trabajo, supe que pasaría dificultades un tiempo, pero cuando cada intento terminaba siendo un callejón sin salida semana tras semana, empecé a sentirme atascada. Aunque sabía que la sequía laboral terminaría tarde o temprano, muchos días sentía que aquella situación estaba llevando mi fe al límite.

Sin embargo, a pesar de lo sola que me sentía, sabía que en el camino no lo estaba. Pese a mi miedo por el futuro, confiaba en que el Señor se hallaba a mi lado en cada paso. En medio de aquella entrevista de trabajo en la agencia de empleo temporal que había conseguido destrozar mi ego, creía en Dios y en que él proveería.

Y lo hizo. Al día siguiente, la mujer de la agencia me llamó para decirme que había un puesto en una de las filiales de Google. Acepté inmediatamente y le dije que podía empezar al día siguiente. Cuando me presenté en las oficinas de Google durante la próxima mañana, me había arreglado con todo cuidado; llevaba un bonito traje y estaba preparada para trabajar mucho. Había tomado la decisión de salir de aquella humillante situación de la manera más positiva posible.

Me presenté y me llevaron por un largo pasillo al departamento en cuestión, donde me recibió un hombre claramente sorprendido de que fuera una empleada temporal. ¡Por mi parte, yo estaba feliz de poder trabajar! Incluso cuando me dijeron en lo que iba a consistir mi trabajo durante las siguientes dos semanas: hacer fotocopias. Sí, ha leído bien. Debía hacer fotocopias, quitarles las grapas a los manojos de papeles, las tareas que nadie quería hacer. Hasta el punto de que habían contratado a alguien —a mí— para que lo hiciera.

Mientras realizaba mi trabajo, no tardé en darme cuenta de que para los demás era como si no existiera. No hablaban conmigo ni me ofrecieron ayuda, no me miraban siquiera. De hecho, eran incluso maleducados. Me sentía como si fuera invisible, y esta es una sensación horrible. Aun así, trataba de mantener una actitud positiva y poner buena cara. Y hacía fotocopias sin parar. ¡Todo el día!

Sin embargo, lo más asombroso de todo es que no estaba sola. Dios empezó a hablarle a mi corazón mientras hacía mi trabajo de pie delante de mis mejores amigas, Xerox 1 y Xerox 2. Él me preguntaba: *¿Te das cuenta de que a veces tú también fuiste maleducada con otras personas? ¿Recuerdas aquel día en el que uno de los asistentes de producción te pidió ayuda? ¿Y recuerdas cómo lo trataste? ¿Te acuerdas de aquella reportera novata tan inexperta y asustada, y de cuánto te molestó que no tuviera los guiones preparados?*

Seguro que nadie que pasara junto a mí se dio cuenta de la mirada perdida que tenía, pero me puse muy triste al comprender que me había comportado exactamente como mis nuevos compañeros en otra época, cuando era alguien.

Era como si Dios me tomara de la mano y me acompañara a sentarme junto a él mientras revelaba todas esas cosas ocultas en mi corazón. Los rincones más feos de mi corazón que no le agradaban, que no eran amables, bondadosos y cariñosos. Entonces me dijo: *He venido a enseñarte que todas las partes tienen su valor. Estás justo donde se supone que debes estar en este momento. ¿Ves? Ellos necesitan a alguien que fotocopie estos papeles. Hacen esto una vez al año, y necesitan a alguien que realice el trabajo, porque no pueden terminar lo que están haciendo sin esas fotocopias. Hazlo lo mejor posible y hazlo por mí, no solo por ellos.*

Durante los diez días siguientes, la gracia de Dios me acompañó mientras hacía fotocopias, y su fuerza era tal que sentía que mi trabajo era el más importante de todos los que se hacían en aquel edificio.

¿Quién me iba a decir que hacer fotocopias sería tan estimulante? Sin embargo, Dios estaba trabajando en mi corazón en aquel momento y su gracia me invadía por completo.

Era como si no estuviera haciendo fotocopias. Retrocedí en el tiempo y dejé que Dios me mostrara y revelara todo tipo de cosas mientras yo miraba en mi interior, evaluaba mis motivos y reflexionaba sobre el tipo de persona que era. Dios me estaba mostrando áreas de mi persona en las que tenía que crecer y enseñándome a tratar a los demás como yo quería que me trataran. Me reveló el valor de tener un corazón amable, un corazón que aprecia a todo el mundo por lo que es. Me mostró que toda la humanidad es importante. Que cada persona tiene determinadas habilidades y conocimientos, pero todos los seres humanos son preciosos. Que cada parte forma parte de un todo y que la Palabra de Dios lo dice bien claro:

> Lo cierto es que hay muchos miembros, pero el cuerpo es uno solo. El ojo no puede decirle a la mano: «No te necesito». Ni puede la cabeza decirles a los pies: «No los necesito». Al contrario, los miembros del cuerpo que parecen más débiles son indispensables, y a los que nos parecen menos honrosos los tratamos con honra especial. Y se les trata con especial modestia a los miembros que nos parecen menos presentables, mientras que los más presentables no requieren trato especial. Así Dios ha dispuesto los miembros de nuestro cuerpo, dando mayor honra a los que menos tenían, a fin de que no haya división en el cuerpo, sino que sus miembros se preocupen por igual unos por otros. Si uno de los miembros sufre, los demás comparten su sufrimiento; y, si uno de ellos recibe honor, los demás se alegran con él. Ahora bien, ustedes son el cuerpo de Cristo, y cada uno es miembro de ese cuerpo.
> (1 Corintios 12.20-27)

Imaginemos nuestro cuerpo. Cada parte necesita a las demás. Los pies no pueden funcionar sin la cabeza, y los dedos necesitan de las manos para desempeñarse correctamente. Cada parte es necesaria y valiosa, aunque las funciones de cada una sean diferentes. Yo no estaba haciendo lo que quería hacer, pero me di cuenta de que para Dios tenía tanto valor como cuando era reportera para una cadena internacional.

Seguía siendo importante.

Mi Padre continuaba amándome como siempre.

No estaba sola.

Y ya no me sentía atascada.

PENSAMIENTO ETERNO

Aquel trabajo temporal haciendo fotocopias me hizo crecer espiritualmente a pasos agigantados. De repente me pareció que todo aquello que había estado abatiéndome en mi vida carecía de importancia. No importaba que me hubiera quedado sin trabajo, no importaba que solo tuviera un trabajo temporal, no importaba que me pasara cuarenta horas a la semana haciendo fotocopias y, de repente, tampoco importaba que algunas de las piezas de mi coche estuvieran sujetas con cinta adhesiva. ¡Imagínate! Todos esos detalles superficiales iban perdiendo significado. Y en cambio aprendí lo que significaba ver la vida como Dios la ve, tener lo que yo llamo un pensamiento eterno.

Este pensamiento eterno nos permite controlar nuestras reacciones ante lo que nos sucede en la vida. Las situaciones y circunstancias dejan de afectarnos como antes. Ya no nos preocupamos por nimiedades, porque ahora tenemos una idea clara de lo que hay más allá, de los aspectos eternos. Nos damos cuenta de que esas situaciones que atravesamos no afectarán nuestra vida eterna. Preocuparnos por esas cosas —sobre todo por aquellas que escapan a nuestro control— no sirve nada más que para robarnos la alegría, la paz y el propósito en la vida que podríamos disfrutar si cambiáramos nuestra perspectiva.

El hecho de sujetar las piezas de mi coche con cinta adhesiva no iba a afectar mi vida a largo plazo. Trabajar para una agencia de empleo temporal no impediría que se cumplieran los designios que Dios tenía para mí. Que no pudiera seguir dándome los lujos a los que me había acostumbrado dejaba de ser un problema al pensar en todas las bendiciones que tenía en la vida: una familia que me quería, amigos que se preocupaban por mí y me daban ánimos, un lugar donde vivir, comida que llevarme a la boca y, sí, un auto que me transportaba a todas partes aunque estuviera un poco magullado.

El cambio en mi forma de pensar, mi actitud y la perspectiva que tenía supuso para mí una lección de humildad, hasta el punto de cobrar consciencia de que cada persona y cada cosa creada tiene un valor inmenso a los ojos de Dios. Mi vida —toda ella, incluso la época en la que me había sentido atascada— era maravillosa y tremendamente valiosa. Algo sucede en el corazón cuando a uno le quitan todo como me pasó a mí. Mientras Dios hablaba y censuraba a mi corazón, tuve que decidir si iba a creer en su Palabra sobre lo que es verdad o si prefería creer en los *sentimientos* de Elictia.

Tuve que decidir si dejaría que Dios fuera Dios. Mi fe llegó al límite durante aquellas semanas y meses, pero también crecí más en aquel período de tiempo tan condensado que en toda mi vida. Cuando Dios cultiva nuestro carácter para ayudarnos a ir más allá de nuestras limitaciones, usualmente no es un proceso agradable. Sobre todo si uno es el tipo de persona obstinada y resuelta a la que le gusta tener siempre las cosas bajo control, como yo.

Esto es lo que aprendí en mi travesía a través del desierto profesional. El alto valor que le daba a mi carrera hacía que renunciar a ella me resultara muy difícil cuando Dios quería que intentara otras cosas. Había dejado que esta me definiera como una persona exitosa en vez de como el desastre en que me convertí cuando la perdí. Le había dado mucho valor también a mi apariencia, mi reputación en la industria y mis entrevistas exclusivas, por no hablar de mis autos nuevos, las cosas bonitas y la ropa de diseñador.

Sin darme cuenta, le había dado más valor a las cosas que a las personas, en muchas ocasiones incluso más que a Dios. Sin embargo, él me amaba demasiado como para dejarme en esa condición. Dios no nos pide que renunciemos a las cosas para jugar con nuestra mente, molestarnos o hacernos sufrir por mera diversión. No, él nos otorga el derecho para hacer nuestras propias decisiones y afrontar después las consecuencias. Esta libertad de elección, amigo mío, es justo lo que hace que la vida sea tan difícil.

¿Recuerdas el episodio de la Biblia en el que se le ordenaba a Abraham que sacrificara a su hijo Isaac? Es posible que para todos nosotros una petición como esa nos resulte incomprensible, pero Dios apelaba al carácter de Abraham. Tenemos que pensar que no fue fácil subir a aquella montaña sabiendo que vas a sacrificar a tu hijo. Podemos creer que Abraham cuestionó aquella orden divina, que no le daría crédito a las palabras de Dios y no comprendería sus razones para pedirle algo así.

¿Te suena familiar? ¿Alguna ver has vivido una situación que carecía de sentido? ¿Alguna vez te has quedado sin trabajo? ¿Alguien muy querido ha traicionado tu confianza alguna vez? ¿Te has enfrentado a un cáncer? ¿Has perdido a un hijo en un accidente de auto o por culpa de una adicción? Todos los días, las personas se enfrentan a pérdidas inesperadas y terribles que las llevan a cuestionarse el sentido de la vida.

Cuando mi vida no tenía sentido, intenté seguir adelante con mi propia energía, pero por dentro estaba dolida y confusa, y no entendía por qué Dios permitía que experimentara semejante pérdida. Así como Abraham sintió dudas, miedo y confusión, yo también estaba totalmente perturbada durante esta época de mi vida. Al final, Abraham agradó a Dios porque optó por dejar sus planes en manos del Señor. Abraham renunció a sus propios planes y deseos. Esto agradó al Señor y al final vio a aquel carnero entre los matorrales, el cual Dios había puesto allí para que evitara el sacrificio de Isaac. En cambio, el carnero se convirtió en el sacrificio.

Si bien no se trataba de la vida de mi hijo, a mí también se me dio la opción de renunciar a mis planes. Tenía una opción, y por eso resultó tan difícil: poseía mi propio «Isaac», algo a lo que yo le daba un inmenso valor. Debido a que el valor que le daba a mi carrera y todo lo que esta me proporcionaba era tan alto, me costaba mucho renunciar a ella. Ahora, estoy agradecida de que mi carácter fuera modificado en aquella época.

Cuando por fin encontré trabajo en otra cadena de televisión, pude reparar mi auto y saldar varias facturas pendientes, y lo que es aún más importante, ¡mi relación con el Creador mejoró! Y creo que para demostrarme que había pasado la prueba, me ofrecieron no uno ni dos, sino tres trabajos en la misma semana. ¡Sí, Dios me sonreía! De no tener trabajo en la televisión pasé a tener tres ofertas en la misma semana. Aquella temporada de crecimiento terminó *a lo grande*. Compartir esta historia sigue afectándome emocionalmente en el día de hoy. Dios tenía un plan para mí mientras atravesaba la tormenta.

Conseguir otro trabajo fue un regalo extra para añadir a lo que el Señor ya me había dado. Su amor, su compasión y sus enseñanzas durante aquella época increíble de mi vida me permitieron ver las cosas desde otra perspectiva, lo que a su vez me obligó a pensar eternamente en vez de limitarme al momento en el que me encontraba. Él me ayudó a desatascarme y enfocarme en las cosas que realmente importan.

EL MOMENTO PARA UN CAMBIO

Me llevó un tiempo, pero al final me di cuenta de que Dios estaba transformando mi terrible temporada en una oportunidad triunfante para acercarme más a él. Estoy convencida de que cuando nos atascamos o encontramos algún obstáculo en el camino, Dios puede enseñarnos algo a partir de esa experiencia si se lo permitimos. No obstante, si nos centramos únicamente en el dolor, la frustración y la incertidumbre que sentimos, dejaremos pasar lo bueno que Dios nos tiene preparado.

Los cambios son siempre difíciles para todos, pero especialmente para los niños. A mi hijo Micah, por ejemplo, le gusta la predictibilidad. Como nos pasa a muchos, cuando las cosas no salen como él espera, se desequilibra un poco. Micah sabe que tenemos una rutina a la hora de irnos a la cama. Leemos una historia del devocional diario de la Biblia, y después su padre y yo oramos por él y su hermana gemela, Jemma. Lo gracioso de todo es que incluso cuando llegamos al momento de la oración, Micah quiere que hagamos la misma oración *exacta* cada noche, y me refiero a palabra por palabra. Es mejor que no se me escape un nombre, cambie una palabra, o me vuelva loca y se me ocurra introducir alguna novedad.

Después de orar los abrazamos, chocamos los cinco y los besamos. Los arropamos bien, les decimos que los queremos mucho y les apagamos la luz, excepto la luz de la mesa de noche. ¡Lo que siempre nos pareció algo natural y sencillo a mi esposo y a mí, al parecer tiene más componentes formales que una boda real!

Si nos olvidamos de algo, Micah de inmediato nos detiene y nos corrige. Él es una criatura de hábitos, y llevamos un tiempo intentando que sea más flexible y relajado cuando las cosas no salen según lo previsto. Le hemos dicho que habrá ocasiones en que otros orarán por él cuando mamá y papá no estén.

Aunque aceptamos que las situaciones inesperadas a veces lo abruman, hemos comprendido que en realidad es capaz de orar sin nosotros, incluso cuando las palabras cambien un poco. Micah está aprendiendo a una temprana edad que para tener éxito en la vida hay que adaptarse, mantener la calma, y por encima de todo ser flexible. Porque el momento justo en que uno se empeña en resistirse al cambio y rechazar las novedades puede ser la oportunidad elegida por Dios para obrar un milagro en nuestra vida.

Temerle al cambio suele dejarnos atascados, pero no tiene por qué ser así. Dios es el mismo ayer, hoy y mañana. Él nos promete que siempre estará con nosotros y no nos abandonará nunca. Él puede solucionar cualquier situación siempre y cuando tendamos la mano para recibir sus dones en vez de aferrarnos a lo que hemos perdido.

¿BAILAMOS?

¿Cómo nos enfrentamos a los grandes cambios que tienen lugar en nuestra vida? ¿Cuántas veces nos hemos encontrado en una situación en la que lo único que queríamos hacer era bajar los brazos y rendirnos? Me atrevería a decir que la mayoría de nosotros ha pasado por ahí muchas veces. Cuando el calor arrecia es que necesitamos beber del Agua Viva y sentarnos a la sombra. Porque estoy convencida de que lo que hagamos en la sombra determinará cómo saldremos de nuevo al calor: como el que llega a la meta, gana y consigue su objetivo, o como alguien que abandona, un perdedor que va por ahí con la moral baja.

El carácter se forja en la oscuridad. ¡Así es! Cuando nadie mira, cuando no tenemos cerca a la familia o los amigos, cuando nadie está atento a lo que hacemos y cómo lo hacemos. Los atletas profesionales más maravillosos que he conocido no son siempre los que baten récords y ganan campeonatos, sino los que se muestran genuinamente auténticos, los que se preocupan, hombres y mujeres amables y cariñosos, que no son arrogantes, orgullosos y engreídos. Saben que su carácter se forjó cuando sus fans no estaban cerca, mirando lo que hacían. Cuando no había entrenadores, árbitros, compañeros de equipo o reporteros, sino que estaban solos.

Durante la época que estuve sin trabajo mi relación con el Señor floreció, porque por fin reconocí la oportunidad que se me ofrecía para profundizarla y enriquecerla. Lo que Dios me enseñó durante aquel tiempo difícil me convirtió en la persona que soy ahora. Y él lo hizo de una manera amorosa y atractiva, no como un castigo. Sencillamente me recordó que estaba ahí para mí. Por ejemplo, cada noche al volver de mi trabajo temporal, Dios me susurraba: *¿Bailamos cuando lleguemos a casa?*

Y yo respondía: «¡Sí, Padre!», y a veces le pedía que eligiera la canción, de manera que cuando encendiera la radio, la canción que sonara sería la que él había elegido. En cada ocasión que bailábamos rompía a llorar, porque siempre era una canción que me gustaba mucho. Entonces levantaba las manos y bailaba por la habitación como si tuviera una pareja de verdad. ¡Cualquiera que me viera pensaría que había *perdido la cabeza*! No obstante, en medio de mi duelo, experimentaba una verdadera alegría al notar cómo Dios transformaba lo que había en mi corazón en un baile, tanto literal como figuradamente.

Cuando nos sentimos atascados en la vida, tenemos que saber qué es lo que el Señor tiene en mente para nosotros, tenemos que vernos en la situación, y tenemos que adaptarnos a los cambios inesperados y la presión abrumadora. Cuando surgen obstáculos en nuestro camino, situaciones que no comprendemos, debemos detenernos y preguntarnos: «¿Adónde me lleva esto? ¿Cómo piensa utilizarlo Dios para moldear mi carácter y acercarme a él? ¿Qué puedo aprender en este incómodo lugar? ¿Qué enseñanza puedo obtener a partir de esta situación si dejo de quejarme por lo atascada que estoy?».

Efectivamente, la vida no siempre es cómoda mientas buscamos el camino que nos lleve a cumplir nuestro sueño. Sin embargo, Dios promete que si oramos y le pedimos ayuda, nos la dará. Él estará ahí. Su Palabra nos dice: «Ya saben que la prueba de su fe produce constancia. Y la constancia debe llevar a feliz término la obra, para que sean perfectos e íntegros, sin que les falte nada. Si a alguno de ustedes le falta sabiduría, pídasela a Dios, y él se la dará, pues Dios da a todos generosamente sin menospreciar a nadie» (Santiago 1.3-5).

Él bailará con nosotros para devolvernos la alegría, la genuina, no ese sentimiento de felicidad superficial y temporal que puede que hayamos perdido. Entendí esto perfectamente cuando pasé todos aquellos meses sin trabajo. Dios siempre cumple sus promesas, ya sea que todo marche bien o que te encuentres con un obstáculo y te quedes atascado. Él puede sacar algo bueno de *cualquier* situación. Es el Dios de los milagros. Recordemos que todo lo que tuvo que hacer fue decir: «¡Que exista la luz!», y la luz se hizo.

Cuando nos sentimos atascados, Dios quiere que estemos dispuestos a recibir sus enseñanzas, que seamos flexibles y confiemos en él. Se trata de dar un paso y luego otro, despacio, como un bebé que está aprendiendo a caminar, para llegar desde donde estamos hasta el lugar al que él quiere llevarnos. Se trata de equilibrio y confianza. Con cada paso, ganamos un poco más de confianza hasta comprender que podemos lograrlo de verdad.

Stormie Omartian, en su libro *Suficiente luz para el próximo paso*, dijo algo que de continuo me anima en cada paso que doy en el siempre desafiante camino hacia mis sueños: «Cuando me encuentro ante un desafío que estoy segura de que no podré lograr sola, veo una imagen con uno o dos pasos iluminados, mientras que la oscuridad engullen a los anteriores y los posteriores sin que pueda percibirlos. Eso describe mi camino con Dios».*

Así que cuando nos sintamos atascados, cuando la vida nos ponga un obstáculo delante, cuando nos sintamos contra la pared, es el momento de acudir a Dios y confiar en su guía. Solo preparémonos para dar el paso y aceptar el desafío, aprender de él y seguir hacia delante, hacia nuestro sueño. Aunque te toque hacer un millón de fotocopias, te aseguro que ese es el sitio en el que te corresponde estar en ese momento a la espera de lo que Dios te tiene guardado.

En mi caso en particular, decidir ser como arcilla y dejar que me moldeara reveló lo cerca que estaba de alcanzar el sueño que Dios había sembrado en mi interior. ¡No obstante, él tenía que demoler mi ego antes de que pudiera construir mi nuevo carácter! ¿Qué harías si tuvieras la confianza absoluta de que Dios, quien es único en su clase, está contigo?

Piensa en ello. ¿Cómo responderías en tus circunstancias actuales si estuvieras seguro de que Dios tiene el plan perfecto para ti y tu vida? Conocer y comprender el carácter de Dios nos permite confiar en él. Entenderemos que el éxito no se consigue por la fuerza ni por ningún poder, sino por el Espíritu de Dios (Zacarías 4.6).

Si te sientes atascado, pídele ayuda a tu Padre para saber en qué consiste el siguiente paso y que te dé el poder para darlo. Confía en que no permanecerás indefinidamente en el lugar en el que

---

* Stormie Omartian, *Just Enough Light for the Step I'm On* (Eugene, OR: Harvest House, 2008, p. 7 [*Suficiente luz para el próximo paso* (Unilit, 2003)].

te encuentras. Mira al frente a lo que Dios tiene guardado para ti y hacia donde quiere llevarte. Acepta la aventura que constituyen los desafíos presentes y aprende todo lo que quiere enseñarte. ¡Vive la vida al máximo, con la seguridad de que independientemente de las circunstancias, Dios está de tu lado!

TRANSFORMA LOS MOMENTOS ROJOS EN TRIUNFOS VERDES

PROFUNDIZA

¿Cuándo te has sentido atascado en la vida? ¿Cómo manejaste los desafíos que se te presentaron en aquel momento? ¿Te acercaste más a Dios en aquel tiempo difícil? ¿Por qué fue así o por qué no? ¿Qué has aprendido sobre ti mismo desde entonces? ¿Y sobre Dios? ¿Qué obstáculo enfrentas en tu vida en este momento que te gustaría llevar ante Dios?

AVANZA

Siguiendo las palabras de la oración que aparece a continuación o con tus propias palabras, clama a Dios para que te dé paciencia en esta temporada de espera.

Padre:

Gracias por prometerme que estarías conmigo independientemente de lo que ocurra o hacia dónde me lleve mi camino. A veces siento que el miedo y la inseguridad me paralizan, y lo único que quiero es volver a la seguridad del pasado, porque me aterra lo que me aguarda en el futuro. Ayúdame a confiar en ti en los momentos en que me siento atascado y no sé qué hacer.

Dame paciencia para esperar por tu tiempo perfecto, fuerza para soportar los cambios y coraje para seguir el camino que me marcas. Sé que eres todopoderoso y que nada te puede detener, Señor.

No importa cuán grande sea el obstáculo que me bloquea el paso, confío en que tú abrirás un nuevo camino para mí. Te doy toda la gloria, el honor y la alabanza. ¡Te amo! Y oro a ti en el nombre de Jesús, amén.

CAPÍTULO 6

MÁS QUE SUFICIENTE

REDEFINIR EL ROJO EN LOS MOMENTOS DE DEBILIDAD

Los campeones no se hacen en el cuadrilátero;
ahí solo reciben el reconocimiento.

—JOE FRAZIER

«¡Halle! ¡Aquí! ¡Halle, Halle, Halle!».

El brillo de cientos de flashes resplandecía en una rápida sucesión, como fragmentos de una estrella caída. Sin embargo, la única estrella que había a la vista era la mujer que caminaba por la alfombra roja hacia mí, la preciosa actriz ganadora de un Óscar, Halle Berry. Me habían encargado que cubriera la ceremonia de entrega en Los Ángeles, y allí estaba, emocionada entre los cientos de fans que esperaban para ver a sus ídolos favoritos. Con tantas celebridades como iban llegando, entre el ir y venir de las limusinas, no era capaz de concentrar la atención. Hasta que Halle llegó.

Ahora bien, tengo que decir que en el tiempo que trabajé como reportera de televisión tuve el privilegio de conocer a mucha gente asombrosa y a infinidad de celebridades. Con la excepción de algunos encuentros con iconos como Walter Cronkite, normalmente hacía bien mi trabajo y no se me notaba la emoción que sentía cuando conocía a todas esas superestrellas.

Esto era algo que venía con el trabajo. No obstante, siempre había excepciones.

CEGADA POR LA FAMA

Cuando trabajaba en FOX Sports, nuestras oficinas estaban en el mismo lote donde se grababan muchos programas de televisión. Cada vez que salía a servirme un café, pasaba junto a los set de rodaje de *Ally McBeal*, *Chicago Hope* o *NYPD Blue*. Una vez que empecé a ser reportera para *Entertainment Tonight*, me mudé al edificio de la Paramount, donde se grababan muchos otros programas de televisión y películas. Por cierto, mientras trabajaba allí se grabó la que terminó siendo uno de los fracasos más sonados de la historia del cine, *Waterworld*, con Kevin Costner. El set de rodaje que simulaba un océano se construyó en uno de los aparcamientos más grande de los estudios, lo que significaba que nos tocaba aparcar a varios kilómetros de distancia. Decíamos en broma que tendríamos que ir nadando a trabajar.

Aprendí rápidamente a no mostrar ninguna reacción cuando me cruzaba con Calista Flockhart, Henry Simmons o Dennis Franz. Trabajando allí me di cuenta también de que la entrevista a un famoso, ya fuera un atleta o alguien del mundo del entretenimiento, no saldría bien si enmudecía por los nervios delante de ellos. Sin embargo, esto no significaba que no me emocionara conocer a aquellos talentosos individuos con regularidad, entre los que se encontraban leyendas del deporte como Tiger Woods, Steve McNair y Brett Favre. (Jamás olvidaré el día en que conocí al señor Favre en un torneo de golf benéfico; me deslumbró con su acento sureño y me convenció para que llevara su carrito de golf. ¡Menos mal que no nos chocamos con nadie!).

No obstante, había algo especial en conocer a Halle Berry aquella noche en la alfombra roja. Nada más verla, me sorprendió lo bajita que era, como una princesa de las hadas o un duendecillo mágico de alguna película de Disney. Aunque estaba acostumbrada a que los actores fueran más bajos y menudos en persona de lo que aparentaban en la pantalla, la señora Berry era realmente pequeña. ¡El único que resultaba igual de grande o más en persona era Shaq!

Cuando Halle se me acercó, sonreí y la saludé. Me estrechó la mano y, sinceramente, no me acuerdo de lo que dijo o si le formulé la pregunta que tenía preparada para ese evento nocturno. No podía dejar de mirar maravillada su piel lisa y sin imperfecciones, del color del cobre bruñido, con aquel vestido de tejido metálico sin mangas. Llevaba aquel corte de pelo suyo tan famoso, y su sonrisa brillaba más que las luces que teníamos sobre nuestras cabezas. Todos los ojos estaban puestos en ella, que se movía con la gracia y la elegancia de la realeza.

Sí, lo admito... ¡era una fan absoluta!

SALIR DE LA OSCURIDAD

No estoy segura de por qué me quedé tan impresionada con Halle Berry, más allá de las razones obvias de que es tremendamente hermosa y talentosa. Supongo que siempre he admirado la naturalidad y la seguridad con que se mueve, y lo accesible que se muestra pese a su distinguida personalidad. Ya sé que existe una gran diferencia entre la percepción que tenemos de alguien y quién es esa persona en realidad. Pero Halle siempre me dio la impresión de que era así de verdad.

Y tengo que creer que nuestro verdadero carácter se moldea a partir de las decisiones que tomamos y los hábitos que tenemos, sobre todo cuando estamos fuera de los ojos del público, lo que gracias a las redes sociales ya no es así. Sin embargo, Dios puede ver en el interior de nuestros corazones todo el tiempo, incluso cuando nadie mira o escucha. Jesús nos dijo: «No hay nada encubierto que no llegue a revelarse, ni nada escondido que no llegue a conocerse. Así que todo lo que ustedes han dicho en la oscuridad se dará a conocer a plena luz, y lo que han susurrado a puerta cerrada se proclamará desde las azoteas» (Lucas 12.2, 3).

Estoy convencida de que nuestro carácter se forma en la oscuridad, en esos momentos en los que solo Dios y nuestra conciencia saben lo que hacemos y decimos. Para mí, ese proceso se parece a cuando plantamos una semilla en la tierra. Al principio la semilla se encuentra en un lugar oscuro y tranquilo, y allí comienza todo. No lo vemos, pero la semilla brota y se abre camino desde la fría oscuridad.

A medida que la semilla sube hacia la luz más allá de la superficie de la tierra, sus raíces se afianzan en el suelo, lejos de la vista de todos. No obstante, esas raíces son las que empujan la semilla hacia la plenitud de lo que está destinada a ser. Ellas determinarán el tipo de nutrientes y la cantidad de agua que necesita dicha semilla, así como la salud general del fruto que produzca.

No vemos las raíces de una planta o una flor. De hecho, apenas nos acordamos de ellas. Por ejemplo, piense en la última vez que contempló una flor, un árbol o un arbusto. Le aseguro que no pensó: *¡Vaya, esta planta debe tener unas raíces magníficas para haber crecido tanto!* No solemos pensar en aquellas cosas que no vemos, por lo que centramos la atención en los hermosos pétalos rojos de la rosa o en el profundo color verde jade de la hiedra que trepa por la fachada junto a la ventana.

Incluso si las raíces están expuestas, lo más probable es que nos parezcan feas en comparación con el resto de la planta que sostienen. Sin embargo, son esas feas raíces que se hunden bajo la tierra buscando la oscuridad las que le proporcionan el alimento a la asombrosa planta que crece sobre la superficie. Las raíces determinan si algo florecerá y dará fruto.

Nuestro carácter se desarrolla de un modo similar. A veces, la vida puede parecernos desagradable, oscura, e incluso turbia. Pero suele ser en esos momentos ocultos de oscuridad que nuestro carácter empieza a brotar milagrosamente. Algo hermoso surge de esos rincones oscuros. Esos lugares húmedos y desagradables se convierten en la matriz de algo glorioso.

Cuando una mujer está embarazada, su bebé se forma y se desarrolla en su interior. Todos los órganos vitales, las principales funciones para la vida e incluso el ADN del bebé se crean y moldean en el vientre de la madre. Aparte del aumento de tamaño de la futura mamá, no hay ninguna otra señal de que haya un bebé dentro de ella creciendo y desarollándose. El fruto del proceso que ha tenido lugar en su interior solo se ve cuando da a luz.

En un proceso parecido, nuestro carácter se forja gracias a las elecciones diarias que hacemos y los hábitos que cultivamos, que son normalmente los aspectos de nuestra vida en los que nadie suele fijarse. Nos despertamos, ayudamos a prepararse al resto de la familia, corremos al trabajo, hacemos infinidad de cosas a lo largo de la jornada, volvemos a casa, nos acostamos y de nuevo seguimos la misma rutina al día siguiente y al otro. Tal vez nos parezca que todas esas pequeñas decisiones que tomamos a lo largo del día no son importantes, al menos en el esquema general de las cosas.

No obstante, sí lo son. Significan todo. Porque revelan a qué dedicamos nuestro tiempo, nuestra atención, nuestra energía y nuestros recursos. Determinan las raíces de nuestro carácter y si florecerá o se marchitará con el paso del tiempo.

EL ENTRENAMIENTO NUNCA TERMINA

Cada vez que pienso en la forma en que se desarrolla nuestro carácter, me acuerdo de un día a finales de la década de 1990 en los entrenamientos de los Lakers de Los Ángeles. Phil Jackson era el entrenador de un equipo de ensueño entre los que estaban Shaquille O'Neal, Robert Horry, Elden Campbell, Rick Fox, Eddie Jones y Derek Fisher. El entrenamiento se llevó a cabo sin incidentes. Cuando terminaron, esperé para entrevistar a Eddie Jones. Aquel día tardó en salir de los vestuarios y el tiempo transcurría muy despacio.

Mientras esperaba, oí hablar a un grupo de jugadores sobre los planes que tenían para después del entrenamiento. Al parecer, la mayoría de ellos se encontrarían para dar una vuelta por la ciudad. En el grupo que conversaba estaban sin duda los jugadores más veteranos y brillantes del equipo.

Al cabo de veinte minutos, mi camarógrafo y yo vimos al conserje salir a barrer el suelo de la cancha, hacia delante y hacia atrás, arriba y abajo. Después llegó otro señor y empezó a cerrar algunas secciones del gimnasio. Como el gimnasio contaba con tres canchas grandes, solían usar particiones para los entrenamientos. Él cerró dos de las puertas casi por completo, bajó las luces y se marchó.

Había pasado más de media hora cuando oímos el rebote de un balón sobre el suelo en el extremo opuesto de la zona ahora iluminada con una luz tenue. Veíamos los movimientos, pero no distinguíamos bien los rasgos del jugador. Era como ver un espectáculo de sombras. Solo oíamos el ritmo regular del choque del balón contra el tablero o el roce de la red cuando encestaba.

Tras varios minutos, empezamos a preguntarnos quién sería. Dijimos en broma que quizás uno de los conserjes estaba viviendo su sueño de ser un Laker al practicar unos tiros a la canasta en el gimnasio oficial del equipo. Finalmente, Eddie Jones salió para la entrevista, y por un rato nos olvidamos del misterioso jugador. Media hora después, teniendo mi entrevista a Jones grabada para su emisión, mi colega y yo empezamos a guardar el equipo. Estábamos a punto de irnos ya cuando nos dimos cuenta de que alguien *seguía* lanzando a la canasta en el otro extremo del gimnasio a oscuras. Nos miramos y asentimos, pues los dos pensábamos que no nos iríamos de allí sin saber quién era el que permanecía entrenando cuando ya no había nadie. Hacía más de una hora que había terminado el entrenamiento oficial y éramos los únicos que quedábamos allí, excepto por el misterioso jugador.

Mientras nos acercábamos al extremo opuesto del gimnasio de tres canchas, íbamos riéndonos y preguntándonos quién estaría cumpliendo su sueño, un conserje o tal vez algún adolescente que había conseguido colarse en el gimnasio. Dejamos de reírnos cuando llegamos al extremo tenuemente iluminado. Para nuestro asombro y admiración, el jugador que seguía entrenándose era el prometedor novato que acababa de firmar su contrato con el equipo: un joven llamado Kobe Bryant.

Él era el jugador más joven y por lo tanto el menos experimentado del equipo. Había llegado a la NBA directamente desde la escuela secundaria, por lo que aún resultaba desconocido en términos de canastas. Por lo tanto, sí, estaba claro que tenía que demostrar que valía y estaba hecho para jugar al baloncesto. Y allí estaba, esforzándose. Mientras los demás salían a divertirse y cenar por ahí, el novato inconformista seguía entrenando y entrenando. Estaba haciendo lo que nadie más quería hacer aquella noche.

Kobe debió notar que lo estábamos observando, porque se dio la vuelta y nos miró con curiosidad, preguntándose tal vez lo mismo que nos habíamos preguntado nosotros con respecto a él: qué hacíamos todavía allí.

Yo le sonreí y simplemente dije:

—El entrenamiento ha terminado, Kobe.

—Nunca termina —respondió él, riéndose por lo bajo.

Asentí con la cabeza mientras el balón salía despedido de las puntas de sus dedos y entraba en la canasta con un suave roce.

Nunca pude olvidar aquel momento y el enorme impacto que tuvo ese encuentro en mi carrera. Gracias a su ética de trabajo, Kobe tuvo una impresionante carrera de veintiún años siempre con los Lakers, con los cuales ganó cinco campeonatos de la NBA. Él fue el mayor anotador de toda la NBA durante dos temporadas y marcó ochenta y un puntos en el partido contra los Toronto Raptors en enero del año 2006.

Mientras que sus compañeros terminaron jugando en otros equipos, él continuó siendo la estrella de los Lakers hasta que se retiró al final de la temporada 2015-2016. En ese entonces, ya no tenía nada que demostrarle a nadie. Había pasado a formar parte de la élite de la élite, siendo un icono del deporte famoso en todo el mundo, al igual que Shaq o LeBron, conocido por su nombre de pila sin más. ¡Para Kobe, el entrenamiento no acababa nunca!

Sabía que la pasión te lleva a donde ninguna otra cosa puede llevarte si estás dispuesto a hacer lo que nadie más quiere hacer.

LA PERFECCIÓN EN LA DEBILIDAD

El ejemplo de Kobe es una prueba extraordinaria de que lo que hacemos en la oscuridad determina nuestro *desempeño* a la luz y la vista de todos. Para nosotros, los cristianos, cuando elegimos seguir a Dios, obedecer sus mandamientos y cumplir sus normas, nuestro carácter se desarrolla de un modo sano y enérgico que nos conduce a la madurez mientras nos convertimos en lo que nuestro Padre tenía previsto para nosotros cuando nos creó. Si estamos dispuestos a hacer el esfuerzo y a darlo todo por su reino, nos convertimos en la mejor versión de nosotros mismos. El entrenamiento determina nuestro juego.

Los salmos lo expresan a la perfección: «Dichoso el hombre que no sigue el consejo de los malvados, ni se detiene en la senda de los pecadores ni cultiva la amistad de los blasfemos, sino que en la ley del Señor se deleita, y día y noche medita en ella. Es como el árbol plantado a la orilla de un río que, cuando llega su tiempo, da fruto y sus hojas jamás se marchitan. ¡Todo cuanto hace prospera!» (Salmos 1.1-3).

Las elecciones que tomamos en los momentos oscuros de nuestra vida sí importan. Cuando sufrimos, nos decepcionan o pasamos por un momento difícil, es posible que sintamos la tentación de ir por nuestro lado en vez de caminar con Dios. Algunas personas intentan tomar el control y crean un ídolo que les proporcione lo que anhelan y creen que necesitan, ya sea dinero, sexo, fama, una carrera profesional, la familia o incluso la iglesia. Otros sienten que las exigencias de la vida pesan demasiado y buscan una salida en las adicciones, las cuales durante un tiempo les brindan momentos de placer que entumecen sus sentidos y consiguen aliviar su dolor.

En vez de intentar buscar ayuda y alivio en otra parte, debemos acordarnos de confiar en Dios independientemente de lo que nos esté sucediendo. Incluso en los momentos de mayor debilidad —o más exactamente, en especial en esos momentos— podemos confiar en que la fuerza de nuestro Padre nos ayudará a superar la situación. De hecho, nuestra necesidad de Dios es un regalo en realidad, porque nos vemos obligados a depender de él en vez de creer que podemos ocuparnos de nuestros problemas nosotros solos. Pablo comparó las dificultades por las que tuvo que pasar con «una espina» clavada en el cuerpo y le pidió a Dios que se la quitara. No obstante, es la respuesta que recibió lo que debemos recordar:

> Sin embargo, no sería insensato si decidiera jactarme, porque estaría diciendo la verdad. Pero no lo hago, para que nadie suponga que soy más de lo que aparento o de lo que digo.
>
> Para evitar que me volviera presumido por estas sublimes revelaciones, una espina me fue clavada en el cuerpo, es decir, un mensajero de Satanás, para que me atormentara. Tres veces le rogué al Señor que me la quitara; pero él me dijo: «Te basta con mi gracia, pues mi poder se perfecciona en la debilidad». Por lo tanto, gustosamente haré más bien alarde de mis debilidades, para que permanezca sobre mí el poder de Cristo. Por eso me regocijo en debilidades, insultos, privaciones, persecuciones y dificultades que sufro por Cristo; porque, cuando soy débil, entonces soy fuerte (2 Corintios 12.6-10).

Tal vez recuerdes que antes de su encuentro con Jesucristo cuando viajaba hacia Damasco, Pablo respondía al nombre de Saulo. Este había mantenido un historial perfecto dentro de las tradiciones religiosas judías a las que se había adherido su familia. Creían que la única forma de que las personas alcanzaran la rectitud moral era cumpliendo las leyes de Dios. Como consecuencia, Saúl consideraba que estaba por encima de los demás debido a lo mucho que se había esforzado en seguir los mandamientos de Dios y obedecer todas las normas.

No es de extrañar que se sintiera con todo el derecho a perseguir a las personas que iban por ahí hablando de la gracia y el perdón en el nombre de Jesucristo, quien para él era un criminal hereje. Sin embargo, tras conocer a Jesús, empezó a hacerse llamar por la versión romana de su nombre, Pablo, y a difundir las buenas nuevas del evangelio más allá de Israel y a todos los gentiles que vivían en otras tierras.

Pablo solía escribir cartas a las comunidades de creyentes de todos esos lugares lejanos, y muchos de esos mensajes inspirados llegaron a formar parte de lo que ahora conocemos como el Nuevo Testamento. Esto explica por qué Pablo le escribió a la iglesia en Corinto, animándolos a no perder la fe ni abandonar sus creencias. Para ser en verdad sincero, Pablo se aseguró de que todos esos creyentes supieran que él no era perfecto ni mucho menos y también atravesaba momentos difíciles en la vida, igual que todos. No sabemos exactamente a qué clase de problemas se refería, pero él lo describió diciendo que «una espina me fue clavada en el cuerpo» y que esta era «un mensajero de Satanás» (v. 7). ¡A mí me parece un doloroso sufrimiento!

Hay algo incluso más profundo que simplemente compartir que él tenía esta dificultad. Pablo sabía que Dios le permitió seguir luchando con este asunto por una razón, es decir, para que permaneciera humilde y dependiente del Señor (v. 7). No obstante, al igual que tú y yo lo hemos hecho frente a los problemas en nuestra propia vida, Pablo oró para que Dios lo librara de este dilema tres veces. Sin embargo, la respuesta de Dios fue la misma en cada ocasión: «Te basta con mi gracia, pues mi poder se perfecciona en la debilidad» (v. 9).

En vez de decepción, como nos habría ocurrido a la mayoría, Pablo sintió verdadero *regocijo* al oír la réplica de Dios, porque sabía que eso significaba que se vería obligado a seguir confiando en el Señor.

Pablo no podía eliminar aquel problema o aliviar su dolor, y Dios no le solucionaría la situación tampoco. Pablo tendría que vivir con ello y enfrentarlo todos los días, perseverando en medio de todas las circunstancias que rodeaban su vida. No obstante, lo que descubrió sigue siendo igual de importante para todos nosotros hoy en día: «Cuando soy débil, entonces soy fuerte» (v. 10).

ESPERA EL PODER DE DIOS

Estoy convencido de que este es el secreto para que nuestro carácter se desarrolle y nuestra fe madure. Tenemos que dejar de pensar en nuestras debilidades y carencias, y enfocarnos en cambio en la fuerza de Dios y el poder divino. En nuestro viaje hacia la fe, es habitual tener que hacer cosas que nunca nos imaginamos que haríamos y seguir cuando sentimos que ya no tenemos nada más que dar. Sin embargo, la única manera de lograr esto es utilizando el poder del Espíritu de Dios que mora en nuestro interior.

Con la ayuda de Dios, podemos superar nuestros límites y lograr mucho más que cuando contamos únicamente con nuestras habilidades o las de otra persona. De hecho, uno de mis lemas favoritos nos recuerda que «no basta con el *statu quo*». En otras palabras, lo que todo el mundo hace no basta para ayudarnos a superar las tormentas que atravesamos en la vida y fortalecer nuestro carácter en mitad de las crisis. Si nos limitamos a vivir según los estándares populares, solo conseguiremos ser tan buenos como todos los demás.

¿Entonces qué es lo que te separa del resto de las personas? ¿Cómo consigues cambiar de plataforma? ¿Cómo lograr superarte? Personalmente, he aprendido que hay que estar dispuesto a ir a donde nadie más quiere ir. Hay que ser el primero en llegar a la oficina y el último en irse a casa. Hay que estudiar en nuestros hogares en el tiempo libre. Hay que hacer lo que resulte necesario para ser el mejor. Hay que trabajar cuando los demás se van de compras al centro comercial. Hay que sentir una pasión que te dé fuerzas para seguir cuando lo que quieres es rendirte. ¡Hay que canalizar al Kobe que llevamos dentro y seguir entrenando! Como Pablo, debemos dejar que el poder de Dios ilumine las áreas débiles de nuestra vida.

Está claro que tendremos días mejores y días peores, porque así es la vida. Pero cómo actuamos en unos y otros es lo verdaderamente importante. Todos sabemos que el éxito no se consigue de la noche a la mañana. Ojalá que así fuera. Sin embargo, la mayoría de las veces tenemos que esforzarnos mucho y desarrollar nuestras habilidades con paciencia. La paciencia es necesaria, tanto como la práctica y la perseverancia. Muchas veces cuando llevamos luchando un largo tiempo, nos encontramos más cerca de Dios que en cualquier otra situación. Y a medida que nos acercamos a él, descubrimos que no ha dejado de hacer milagros con situaciones verdaderamente desastrosas.

Acabo de acordarme de una historia de la Biblia sobre una mujer que sufría de hemorragias constantes, tal vez a causa de un tumor o alguna otra enfermedad. En los tiempos que se describen en el Nuevo Testamento, consultar a diversos médicos y recibir multitud de tratamientos era una práctica habitual en los casos especialmente difíciles. Lucas, médico además de autor del Evangelio que lleva su nombre, sugirió que a la mujer no se le administraba ningún tratamiento, porque su enfermedad era incurable. «Había entre la gente una mujer que hacía doce años padecía de hemorragias, sin que nadie pudiera sanarla» (Lucas 8.43).

La mujer se enteró de que Jesús estaba en la ciudad y como había oído hablar de su capacidad para sanar, pensó que si pudiera verlo, él la curaría. Me gusta cómo lo cuenta Marcos:

Cuando oyó hablar de Jesús, se le acercó por detrás entre la gente y le tocó el manto. Pensaba: «Si logro tocar siquiera su ropa, quedaré sana». Al instante cesó su hemorragia, y se dio cuenta de que su cuerpo había quedado libre de esa aflicción [...]

—¡Hija, tu fe te ha sanado! —le dijo Jesús—. Vete en paz y queda sana de tu aflicción (Marcos 5.27-29, 34).

La mujer esperaba que su situación cambiara. Tenía la esperanza de que sería sanada y creía que Jesús era capaz de hacerlo. Algo ocurre cuando esperamos que nuestra situación cambie, cuando esperamos que nuestras circunstancias varíen, cuando dejamos que Dios entre en nuestra debilidad.

¡Al otro lado de la esperanza está el milagro!

En aquel momento, Jesús le dijo: «Tu fe te ha sanado». En otras palabras, su fe y su esperanza jugaron un papel importantísimo en su sanación y satisfacción.

¿Estamos dispuestos a dejar que Dios entre en los rincones más débiles de nuestra alma? ¿Seremos capaces de confiar en él y en que obrará un milagro aunque, como sucedió con Pablo, las cosas no resulten de la manera en que estábamos deseando? ¿Qué es lo esperamos que suceda hoy? La historia de la mujer con hemorragias constituye el ejemplo perfecto de hasta dónde puede llevarnos una esperanza real y verdadera. La fe sincera es un componente sencillo, pero a la vez importantísimo, en el crecimiento y el desarrollo correcto de nuestro carácter.

Qué tipo de persona somos es algo que está estrechamente relacionado con lo que hacemos, y a su vez lo que hacemos se encuentra estrechamente relacionado con el lugar al que nos dirigimos. Tal vez no lleguemos a ser una estrella de cine como Halle Berry o del deporte como Kobe Bryant, pero si no somos más que personas normales y corrientes como Elictia Hart, comprometidas con un Dios extraordinario, podemos confiarle nuestras debilidades. Es posible que tengamos que enfrentarnos a situaciones que nos hagan verlo todo rojo, a espinas que nos cortan la piel hasta que efectivamente lo veamos todo rojo, pero lo que debemos recordar en esos momentos es que el rojo significa marchar adelante hacia la fuente de poder definitiva.

TRANSFORMA LOS MOMENTOS ROJOS EN TRIUNFOS VERDES

PROFUNDIZA

¿Cuáles son tus héroes personales y qué personas han influido en el desarrollo de tu carácter? ¿Qué aspectos del mismo se han fortalecido por seguir su ejemplo? ¿Qué áreas de debilidad eres consciente de que necesita fortalecer? ¿De qué forma has experimentado el poder de Dios en esas áreas? ¿Qué esperas y confías que él haga con respecto a esas debilidades?

AVANZA

Señor:

Con frecuencia pongo mis debilidades como excusa para ceder a la tentación o darte la espalda e intentar resolver los problemas a mi manera. Perdóname, Padre, por todos esos momentos en los que he preferido depender de alguna otra cosa o persona en vez de confiar en ti.

Te doy las gracias por darme tu poder para atravesar las tormentas de la vida y lograr lo que jamás habría podido hacer yo solo. Dame fuerzas a fin de enfocarme en las rutinas y las pequeñas decisiones del día a día que pueden tener consecuencias para tu reino.

Permite que la persona que soy en los rincones oscuros de la vida te honre igual que cuando lo hago a la vista de todos. Te amo, Señor, y quiero que seas la fuente de todo lo que soy y todo lo que hago.

Amén.

CAPÍTULO 7

EL TIEMPO DIRÁ

REDEFINIR EL ROJO CUANDO ESTAMOS EN LA ESPERA

La parte fundamental de la fe es la paciencia.
—George MacDonald

A pesar de mi éxito como periodista de televisión, empecé a desear algo más que el flujo de adrenalina que me proporcionaban las grandes historias que se sucedían en el acelerado ciclo de veinticuatro horas de las noticias. Quería un esposo e hijos, y un lugar permanente en el que establecer un hogar. Sabía que podía tener ambas cosas, carrera y familia, pero cada vez sentía más que algo tiraba de mí en una nueva dirección, la cual me conduciría a nuevas relaciones en una comunidad permanente. Sin embargo, había algo más. No sabía qué era en aquel entonces, pero no tardé en darme cuenta de que hacerme pastora era parte de lo que Dios tenía planeado para mi vida.

Adelantemos la historia diez años y en vez estar delante de una cámara hablando sobre los Lakers o entrevistando a Halle Berry, me encuentro difundiendo el evangelio delante de miles de personas. En los capítulos que restan me centraré más en cómo llegué hasta ahí de la mano de mi esposo, que es pastor. Sin embargo, por el momento diré únicamente que para pasar de mi carrera a tener una familia y dedicarme a tiempo completo a difundir el mensaje de Dios tuve que aprender a ver el tiempo de otra manera. Siempre supe que nuestro sentido del tiempo no tiene por qué coincidir con el de Dios, pero una visita fuera del país no hace mucho me ha recordado que Dios siempre está en movimiento, incluso cuando nos sentimos atascados.

Hace un tiempo me invitaron a dar una conferencia ministerial en Burkina Faso, un precioso país en África occidental sin acceso al mar. Siendo una antigua colonia francesa llamada República del Alto Volta hasta que consiguió independizarse al cabo de los años, Burkina Faso es ahora un país con más de diecisiete millones de habitantes. Emocionada y agradecida por la invitación, empecé a prepararme para la conferencia. Estaba deseando hacer el viaje. Como parte de la preparación, un equipo de guerreros de oración de nuestra iglesia se comprometió a orar por mí y por todo lo que Dios quería que hiciera allí.

Durante una de aquellas sesiones de oración, una hermana de la iglesia muy querida y una madre sabia me llamó para decirme que mientras oraba, Dios le había mostrado que tendría que hacerle frente a una sobrecarga eléctrica en mi viaje. Ella confiaba en el mensaje que había recibido, aunque no estaba segura de si eso se referiría a una sobrecarga literal, como cuando saltan los fusibles en casa, o a un aumento de la unción espiritual producido por el poder del Espíritu Santo.

¡No tardé en comprender que se refería a las dos cosas!

Aún no había abandonado el suelo estadounidense cuando se cumplió el mensaje profético de la hermana. El vuelo desde Omaha a Burkina Faso hacía escala en Minneapolis. La delegación de nuestra iglesia se dirigía hacia las puertas indicadas cuando, de repente, se fue la luz. Todo en un radio de cuatro metros y medio quedó a oscuras. Si alguna vez has estado en un lugar público, como una tienda o un establecimiento, y se ha ido la luz, sabrás lo extraña y surrealista que resulta la situación. Estás decidiendo qué marca de ketchup comprar y al minuto siguiente no ves ni el carro de la compra que tienes delante. Solo que en este caso sí veíamos un poco, porque a nuestro alrededor sí había luz. La luz solo se había ido en un pequeño círculo a nuestro alrededor. Raro, ¿verdad?

Miré a mi amiga Miriam y pensamos: *Qué cosa más extraña*, pero seguimos caminando. La sensación persistía. ¿Qué se traía Dios entre manos? ¿Qué significaba aquello?

Continuamos el viaje y llegamos al aeropuerto de la capital sin mayores incidentes. ¡A menos que cuentes el cálido y hermosísimo comité de bienvenida que nos esperaba! Pensábamos que una o dos personas irían a buscarnos al aeropuerto para llevarnos al hotel, ¡pero lo que nos encontramos fue a docenas de personas cantando y bailando, y a niños que nos obsequiaron ramos de flores! Fue maravilloso y pese a que llevábamos en pie casi treinta y seis horas, hicimos todo lo posible por mostrarles nuestro agradecimiento.

Tras descansar y dormir unas horas, salimos en dirección al lugar donde tendría lugar la conferencia, un estadio con capacidad para setenta mil personas más o menos. Si bien es cierto que había pensado en cuánta gente asistiría, no estaba preparada para la multitud que aguardaba a fin de participar en la sesión de apertura y el resto de las sesiones. A pesar del calor sofocante y la humedad, y del polvo que parecía flotar constantemente en el aire, miles de hombres, mujeres y niños procedentes de diferentes lugares iban llegando al estadio. Algunos venían caminando, otros en bicicleta, otros amontonados en la parte trasera de camionetas, otros compartían motocicletas, se apiñaban en autos, o llegaban a lomos de burros y caballos. Había gente sentada en los polvorientos pasillos laterales y más gente se aglomeraba cerca de las entradas para escuchar el mensaje de la Palabra de Dios.

Tras un edificante tiempo de adoración y alabanza, comenzaron las charlas de los conferenciantes invitados. Yo estaba nerviosa, como es natural, pero confiaba en que Dios me había llevado hasta allí por una razón. Rogué para que su Espíritu hablara a través de mí. Cuando me llegó el turno de predicar, subí al estrado, saludé al público y tomé el micrófono. ¡Y en ese momento falló la electricidad! Las luces se suavizaron y el sistema de sonido dejó de funcionar. Los allí congregados empezaron a murmurar con curiosidad y a preguntarse qué habría pasado con cierta preocupación.

¡Yo supe inmediatamente lo que había sucedido! Y cuando miré a Miriam que estaba de pie a un lado del estrado, nos acordamos de las palabras de nuestra hermana; había ocurrido una sobrecarga. ¡Se había ido la luz, pero el poder de Dios estaba encendido! Cuando quedó claro que la luz iba a tardar en volver, varios miembros del equipo de conferenciantes y de la iglesia que organizaba el evento empezaron a desfilar por los pasillos, parándose a orar y a predicar frente a las personas sentadas en las diferentes secciones. ¡Sentíamos que un avivamiento estaba teniendo lugar! No hacía falta luz, porque el poder del evangelio bastaba para cargar de esperanza a las personas que estaban allí.

Cuando volvió la luz al cabo de unos veinticinco minutos aproximadamente, subí al estrado de nuevo y prediqué como nunca. Dios se movía a través de mí como una corriente eléctrica real y las personas allí congregadas quedaron impresionadas por el inmenso poder de su amor y su gracia. Muchos conocieron al Señor aquella noche, y me atrevería a decir que todos los presentes se sintieron bendecidos. ¡Desde luego que yo me sentí así!

Si la experiencia hubiera terminado allí, me habría sentido más que contenta e impresionada por el poder de Dios y el regalo del mensaje profético sobre la sobrecarga eléctrica. Sin embargo, ¿sabes qué? Al día siguiente, cuando me tocó salir al estrado de nuevo, después de que varios invitados hubieran enseñado y predicado, tomé el micrófono y volvió a suceder. Las luces parpadearon y la electricidad se cortó. Créeme, por favor, porque no se me ocurriría inventar algo así.

El apagón solo duró quince minutos esta vez, pero no perdimos el tiempo esperando a que la luz volviera. Junto con otros muchos, empecé a recorrer los pasillos llevando la Palabra de Dios y confiando en que la gente que Dios quería que oyera mi voz lo haría igual de bien sin micrófono ni amplificadores. ¡El Espíritu de Dios estuvo sobre todos nosotros aquel día, y una vez más supimos que no nos hacía falta la electricidad para experimentar una sobrecarga de poder incomparable!

¿A QUÉ ESPERAMOS?

He querido compartir esta experiencia con el lector porque sospecho que a veces sentimos que no podemos proseguir espiritualmente hasta haber cumplido todas nuestras expectativas. Podríamos pensar que Dios no puede utilizarnos para alcanzar a otros hasta que estemos lo bastante maduros espiritualmente o nos sintamos seguros de nuestra fe. Es posible que nos sintamos atascados en determinado momento, esperando a que Dios haga algo que creemos que tiene que pasar antes de seguir adelante y continuar realizando aquello que nos ha encomendado. Sin embargo, no estoy tan segura de que sea así realmente.

Mi experiencia en el viaje a Burkina Faso me recuerda que con frecuencia apretamos el botón de pausa cuando Dios quiere que sigamos. Nos impacientamos y asumimos que debemos esperar hasta que vuelva la luz, pero Dios quiere que confiemos en él cuando nos movemos a oscuras. Sentimos como si estuviéramos atrapados en la transición, pero si confiamos en el Espíritu Santo, podemos ministrar todos los días, independientemente de las circunstancias en que nos encontremos.

Me pregunto si nuestra impaciencia se deberá en parte a nuestra cultura centrada en la rapidez y la inmediatez. ¿Recuerdas el impacto que tuvo el microondas? ¿Quién hubiera creído que podríamos tener una bolsa de palomitas con mantequilla recién hechas en solo dos minutos? En mi casa se necesitaba un sartén con una tapa, un poco de aceite, granos de maíz y un brazo fuerte para agitar la sartén durante nueve o diez minutos hasta que empezaban a saltar las palomitas. No obstante, cuando el microondas se popularizó, empezaron a llegar los productos especiales para cocinarlos en él.

En la actualidad, el mundo cambia a gran velocidad y perdemos la paciencia si las palomitas no están listas, o el fichero no se descarga, o no podemos ver nuestra película favorita en cuestión de segundos. Sin embargo, nuestra vida espiritual sigue el ritmo que le marca Dios, en el que son necesarios algo más de dos minutos para que se produzcan cambios. Y al mismo tiempo no hace falta esperar para empezar a servir y ministrar a los demás. En Burkina Faso, podríamos haber esperado a que regresara la electricidad en el estadio para empezar a predicar. ¡Pero el Espíritu Santo no necesita electricidad, así que no tuvimos que esperar! Estoy convencida de que Dios me preparó para estas sobrecargas eléctricas a fin de ayudarme a cambiar de idea sobre el ritmo con el que él hace las cosas.

Es posible que tú también experimentes una sobrecarga similar en lo espiritual. A lo mejor llevas tiempo rogándole a Dios que cambie algo en tu vida, tal vez meses, años, incluso décadas. No obstante, por mucho que deseas cambiar, por mucho que le has rogado a Dios que te cambie y transforme tus circunstancias, nada parece suceder. Mientras tanto, sigues corriendo en el mismo sitio, temeroso de dar un paso y aprovechar las oportunidades que Dios pone ante ti.

¡Pero no tienes que esperar! Solo porque sigas esperando que Dios complete lo que tiene planeado para ti no significa que no esté trabajando ya en ello. ¿Y si esta espera es simplemente tu sobrecarga particular? ¡Parece que estás atascado en la oscuridad, pero en realidad Dios te está equipando para que sea capaz de manejar el inmenso estallido de poder que estás a punto de percibir!

Puede que esté a punto de producirse un cambio asombroso en tu vida, que esté a punto de cumplirse eso que llevas tanto esperando. Es posible que todo eso que está sucediendo en tu vida ahora mismo sea el trampolín que te impulse hacia algo nuevo y satisfactorio, algo que Dios hará si se lo permites. La Palabra de Dios nos dice: «Yo sé muy bien los planes que tengo para ustedes —afirma el SEÑOR—, planes de bienestar y no de calamidad, a fin de darles un futuro y una esperanza» (Jeremías 29.11). El Señor puede obrar un milagro en menos de lo que tardan en hacerse las palomitas de maíz en el microondas, o también puede desear que tu transformación sea más lenta. Sea como sea, debes seguir conectado a la fuente suprema del poder: el Espíritu Santo.

ES HORA DEL CAMBIO

A veces queremos que nuestras vidas cambien, pero somos nosotros mismos quienes lo impedimos. ¡Pensamos que debemos esperar a Dios cuando es él quien nos espera a nosotros! Estamos tan ocupados aferrándonos a viejas expectativas que Dios no puede darnos lo que le hemos pedido y mucho menos algo mejor. Si te sientes atascado en esta temporada de tu vida, si te estás volviendo tan impaciente que experimentas la tentación a claudicar en lo que respecta a la oportunidad perfecta de Dios, te animo a redefinir este momento rojo como un indicador de que tienes que hacer algunos cambios para dejarle más espacio a Dios a fin de que obre.

Es posible que debas empezar a buscar el cambio que deseas que se produzca en tu vida examinando a qué dedicas el tiempo. Ser consciente de en qué gastas tu tiempo no solo te ayudará a ser más productivo, sino que también te permitirá conocer en qué inviertes tus energías. Lo normal es dedicar el tiempo a hacer aquello que sea importante para ti.

Si Dios es de verdad una prioridad en tu vida, dedicarás tiempo a leer la Biblia, a vivir según las enseñanzas de las Escrituras, y a crecer en comunidad en la iglesia o en cualquier otro lugar acompañado de otros creyentes. Si la familia es importante, pasarás tiempo con tu esposo o esposa, tus hijos y otros miembros de la familia. Si valoras mantenerte en forma y tener buena salud, dedicarás tiempo a entrenar. Repito, todos buscamos tiempo para las relaciones, las actividades y los objetivos en la vida que nos parecen valiosos.

Tal vez sepas cuáles son esas prioridades, sin embargo, ¿estás invirtiendo verdaderamente tiempo, energía y recursos en ellas? Una cosa es decir que Dios es lo primero para ti, pero si luego el único tiempo en que tienes presente su Palabra es el sermón del domingo, hay un problema: lo que es más importante según tú no es a lo que dedicas más tiempo. Si dices que la familia es lo primero para ti, pero dedicas todos los fines de semana a trabajar y no estás en los momentos especiales, como cumpleaños, partidos o festivales, tus actos no respaldan tus palabras.

De vez en cuando me gusta revisar mi calendario para ver qué he hecho durante la semana. ¿Cuánto tiempo he dedicado a orar cada día? ¿A leer y meditar la Biblia? ¿A amar y servir a mi esposo y mis hijos? ¿A ayudar a amigos, vecinos y demás miembros de la comunidad? A veces es sorprendente el poco tiempo que he dedicado a lo que verdaderamente quería en un principio.

Es evidente que hay momentos en la vida en los que sufrimos imprevistos que rompen el orden establecido en nuestros calendarios, como una tragedia inesperada, un problema familiar o un asunto de trabajo. Sin embargo, la mayoría del tiempo deberíamos ser conscientes de si dedicamos nuestro tiempo a lo que realmente queremos. Si no sabemos qué es lo que en verdad nos importa, demos un vistazo atrás por un par de semanas y veamos a qué dedicamos la mayor parte del tiempo libre. Esto nos ayudará a ver qué es importante para nosotros.

Te animo a llevar a cabo una revisión de tu tiempo ahora mismo. Busca el calendario en el teléfono, la tableta o cualquier herramienta que utilizas para hacer un seguimiento de tus actividades diarias. ¿Refleja el tiempo dedicado a cada actividad tus verdaderas prioridades? ¿O crees que tendrías que hacer ajustes? ¿Estás esperando que ocurra algo que realmente no necesitas para seguir adelante?

FUGAZ COMO UNA SOMBRA

El tiempo es nuestro activo más valioso, y cuando se va, no podemos recuperarlo. El dinero va y viene, las posesiones se deterioran o nos las roban, incluso las reliquias familiares pueden sustituirse. Sin embargo, el tiempo que pasamos en la tierra es limitado, vivimos un número finito de días. Los salmos nos recuerdan con frecuencia y con gran lirismo esta verdad: «Todo mortal es como un suspiro; sus días son fugaces como una sombra» (Salmos 144.4) y «Mis días son como sombras nocturnas; me voy marchitando como la hierba»

(Salmos 102.11). Aunque seamos reacios a pensar en la mortalidad, esto no cambia la realidad de que el cuerpo físico muere.

Razón de más para concentrarnos en lo que sí es eterno. Tener una perspectiva eterna sobre nuestras elecciones, relaciones e inversiones puede contribuir a que los actos que realicemos coincidan con nuestras prioridades, porque todo lo que hacemos requiere una inversión de tiempo. El tiempo es el vehículo que nos traslada de un punto a otro. El tiempo es el vehículo que Dios emplea para hacernos avanzar por la vida.

A través de la Biblia, Dios actúa dentro de los confines del tiempo. Aunque el tiempo fue creación suya, Dios no está sujeto a este. Él está por encima del tiempo y no se rige por sus limitaciones lineales y progresivas.

Si bien todos nosotros vivimos en un mundo físico regido por las cuatro dimensiones espacio-temporales de longitud, anchura, altura (o profundidad) y tiempo, Dios habita en otra dimensión —el reino espiritual— que está más allá de la percepción de nuestros sentidos físicos. La Biblia nos dice que Dios es Espíritu (Juan 4.24), lo que no significa que no sea real, sino simplemente que no está limitado por las leyes de la física y las dimensiones que rigen nuestro mundo (Isaías 57.15). Él creó esas leyes, pero no está sujeto a ellas.

El salmista usó una analogía sencilla pero profunda para describir esta cualidad atemporal de Dios: «Mil años, para ti, son como el día de ayer, que ya pasó; son como unas cuantas horas de la noche» (Salmos 90.4). La eternidad de Dios contrasta con la temporalidad del ser humano. Nuestras vidas son cortas y frágiles, mientras que Dios no se debilita con el paso del tiempo. Su omnipotencia y omnisciencia existen más allá de los límites del mundo temporal que habitamos.

Es asombroso que si bien no tiene por qué hacerlo, el Señor suele elegir «deslizarse lentamente» hasta nuestras limitaciones mortales del espacio y el tiempo para llevarnos de donde estamos a donde queremos ir. También nos brinda puntos de referencia sobre el tiempo en el libro de Eclesiastés, y hace hincapié en que hay un tiempo y un ciclo para todo. En otras palabras, hay un tiempo para permanecer donde estamos en lo que se refiere a nuestros sueños, y un tiempo para avanzar. Lo importante es que seamos conscientes de cómo empleamos el tiempo mientras tratamos de averiguar en qué punto del ciclo de la vida nos encontramos.

¿QUÉ HORA ES?

¿Cómo podemos ser conscientes del ciclo vital en que nos encontramos y cómo deberíamos emplear el tiempo? ¿Cómo podemos poner en práctica la paciencia y confiar en el ritmo que marca Dios en vez de enfocarnos en nuestra propia urgencia? He descubierto dos factores que suelen ayudar a ver en qué punto del ciclo de la vida estamos, lo cual a su vez nos provee dirección en cuanto a cómo invertir mejor el tiempo. Estas dos líneas de acción se apoyan en la vista (mental y espiritual) y la edad cronológica.

Saber en qué momento del viaje estamos (*vista*) y cuándo es el momento de avanzar (*edad*) o apretar el paso hacia nuestro siguiente objetivo nos mantendrá en el ciclo que Dios nos ha asignado. Si bien nuestros ciclos vitales desde un punto de vista cronológico no siempre coinciden con nuestros ciclos espirituales, tenemos que ser conscientes de que los dos están íntimamente relacionados. Si no caminamos con el Señor, nos perderemos sus indicaciones y el tiempo que nos señala, razón de más para confiar en Dios a cada paso. Él nos dice: «Todo tiene su momento oportuno; hay un tiempo para todo lo que se hace bajo el cielo» (Eclesiastés 3.1).

Adaptar nuestra agenda para que refleje el futuro que Dios nos ha asignado requiere que entendamos bien cuál es el propósito de nuestra vida, el cual resulta único para cada persona. Saber que Dios nos creó y nos asignó un objetivo único y especial a cada uno de nosotros puede ayudarnos a tomar decisiones importantes. Vernos viviendo el sueño que Dios plantó en nuestros corazones nos proporciona una visión que nos impulsará hacia nuestro futuro. Con ese objetivo en mente como nuestro destino divino, podemos retroceder y preguntarnos: «¿Cómo puedo emplear mi tiempo hoy para acercarme un poco más al lugar que Dios me tiene preparado?».

Personalmente, podía verme subiendo los peldaños de la escalera del periodismo. Ese era el factor de la *vista* al que me refería antes con respecto a lo que estamos llamados a hacer, y me ayudó a decidir cómo emplear mi tiempo. El resultado fue que me esforcé muchísimo para ser la mejor. Empecé detrás de bambalinas. Y en cada puesto podía verme haciendo el siguiente trabajo en la escalera mientras me esforzaba en ser la mejor en la posición en que me encontraba.

Como estaba soltera y no tenía hijos en aquella época, podía aprovechar la oportunidad para emplear mi tiempo trabajando más aún, de manera que hacía lo que muchos no podían o no querían hacer con el objetivo de obtener una sabiduría y un conocimiento valiosos en cuanto a mi puesto de trabajo, lo cual a su vez me impulsó al siguiente punto del ciclo, con sus responsabilidades y desafíos respectivos. A esto me refería antes al hablar del factor de la *edad*.

Como mujer centrada en mi carrera, tuve que oír muchas veces que ya tendría tiempo para casarme y formar una familia. Para mí esto siempre tuvo sentido, porque sabía que mi trabajo requería todo mi tiempo, energía y atención. Resulta complicado dedicarle al esposo y los hijos el tiempo que merecen sin descuidar el tiempo necesario para seguir ascendiendo los peldaños de la escalera profesional. Por otro lado, he visto a muchos profesionales centrados en su carrera casarse, formar una familia, criar a los hijos y redoblar sus esfuerzos en el aspecto profesional una vez que los hijos son un poco mayores. Dicho de otra manera, no hay una fórmula mágica. Lo que el Señor nos tiene preparado es lo perfecto para cada uno de nosotros. Dios es capaz de llevar a la práctica lo que se propone a través de cada uno de nosotros si estamos atentos a sus señales. Solo debemos recordar que él tiene el plano de nuestras vidas. A veces nos revela más y en otras ocasiones menos. Siempre y cuando permanezcamos dentro del camino y con la vista puesta en el objetivo que Dios nos ha dado, seremos capaces de identificar el ciclo vital en el que nos encontramos y en conformidad a este decidir cómo emplear nuestro tiempo.

Cuando sabemos quiénes somos y qué estamos haciendo, es más fácil tener una idea más clara de nuestro propósito en la vida. Ser capaces de responder a estas cuestiones debería ayudarnos también a conectar los puntos. La palabra clave en la frase anterior es *debería*. Lo cierto es que muchas veces no sabemos cuál es el siguiente paso. A veces el futuro se nos antoja incierto mientras esperamos a que el Señor nos dé las indicaciones correspondientes.

Podemos ser jóvenes, ancianos o estar en un punto intermedio, y aun así muy posiblemente sigamos descubriendo los sueños que Dios nos ha asignado y lo que se supone que deberíamos estar haciendo. Sin embargo, hay un secreto: cuando entendemos quiénes somos y lo que hacemos, es mucho más fácil comprender hacia dónde nos dirigimos. Y cuando lo sabemos, podemos establecer una agenda donde marcar nuestros movimientos en esa dirección.

Cuando sabemos quiénes somos en Cristo y entendemos el propósito de nuestra vida, estamos en el buen camino. Podemos vernos avanzando en una dirección determinada mientras empleamos nuestro tiempo para impulsarnos en dicha dirección. Lo que somos y lo que hacemos está muy relacionado con el lugar al que nos dirigimos.

Es como planificar las vacaciones. Primero decidimos el tipo de vacaciones que queremos tener —en la playa o la montaña, visitar un parque de atracciones o ir de campamento, turismo rural o aventura urbana— lo cual normalmente tiene mucho que ver con el tipo de persona que Dios ha hecho que seas. Después decidimos a dónde vamos a ir y cuándo. Y por último emprendemos el viaje. A menos que ocurra una catástrofe o Dios cambie los planes que tan cuidadosamente hemos hecho, llegaremos a nuestro destino y disfrutaremos del camino.

Y como reza un conocido dicho, lo que importa es disfrutar del viaje.

PACIENCIA EN EL PROCESO

Cuando trabajaba en el mundo de los deportes profesionales y el entretenimiento, me encontré más de una vez con un jugador, un actor o un cantante en pleno momento de éxito. Este podría haber ocurrido en un partido crucial de las eliminatorias o en mitad de una emotiva escena de una película. Podría haber ocurrido en un tiempo en el que de forma imprevista brillaran más de lo esperado dentro de la zona de anotación o en el centro de la atención. Aunque el mundo aclamaba a esas nuevas estrellas y las reconocía como las «grandes revelaciones», yo sabía que les había costado años y años de esfuerzo llegar hasta ahí.

Y es que debemos reconocer que nunca dejamos de practicar en esta vida, igual que cuando Kobe Bryant practicaba en aquella cancha poco iluminada durante horas después de haber terminado el entrenamiento. Por lo menos, debemos practicar la paciencia mientras nos preparamos para los grandes momentos que nos aguardan. Esto es más fácil de decir que de hacer. Gracias a YouTube, los *reality shows* y las redes sociales mucha gente cree que no debería ser tan difícil alcanzar la fama y la fortuna al primer intento. Sin embargo, las verdaderas estrellas en todas las esferas de la vida saben que se necesita disciplina, práctica y pasión para ser capaces de perseverar y llegar a ser los mejores en su campo. Es necesario aceptar el proceso antes de obtener los resultados.

Y nos guste o no, todo proceso lleva tiempo. Con frecuencia queremos que las cosas ocurran de forma inmediata, alcanzar el éxito rápidamente, pero la mayoría de las veces es necesario tener un poco de paciencia para permitir que el proceso se desarrolle adecuadamente. Me gusta mucho el ejemplo que nos dio Jesús en la historia de Lázaro.

Había un hombre enfermo llamado Lázaro, que era de Betania, el pueblo de María y Marta, sus hermanas [...]

Las dos hermanas mandaron a decirle a Jesús: «Señor, tu amigo querido está enfermo».

Cuando Jesús oyó esto, dijo: «Esta enfermedad no terminará en muerte, sino que es para la gloria de Dios, para que por ella el Hijo de Dios sea glorificado».

Jesús amaba a Marta, a su hermana y a Lázaro. A pesar de eso, cuando oyó que Lázaro estaba enfermo, se quedó dos días más donde se encontraba. Después dijo a sus discípulos:

—Volvamos a Judea [...]

A su llegada, Jesús se encontró con que Lázaro llevaba ya cuatro días en el sepulcro [...]

—Señor —le dijo Marta a Jesús—, si hubieras estado aquí, mi hermano no habría muerto. Pero yo sé que aun ahora Dios te dará todo lo que le pidas.

—Tu hermano resucitará —le dijo Jesús. (Juan 11.1, 3-7, 17, 21-23)

No podemos pasar por alto el sentido de la oportunidad de Dios que percibimos en esta historia. Jesús utilizó el elemento de la espera a fin de hacer que Marta cambiara su forma de pensar. En vez de volver a toda prisa para ver a Lázaro, Jesús siguió con los planes que tenía su Padre: para el propio Jesús y para Lázaro, así como también para María y Marta. Cultivó la paciencia en sus queridos amigos mostrándose indiferente e incluso frío en un primer momento. ¡En cambio, Jesús es todo lo contrario! Jesús amaba tanto a sus amigos que quiso aprovechar la oportunidad para intensificar la fe que tenían en él, aunque le diera toda la gloria a su Padre cuando obró el milagro de resucitar a Lázaro de entre los muertos.

Esto requería un cambio de paradigma para Marta. Ella creía de verdad que Jesús podía sanar a los enfermos y transformar el agua en vino. No obstante, aquello alcanzó los límites de su comprensión con respecto a lo que el Mesías podía hacer. Su verdad, como nos sucede a nosotros la mayor parte del tiempo, estaba incompleta, porque se basaba únicamente en experiencias pasadas. Ella era totalmente consciente de que Jesús era el Hacedor de Milagros, y por eso dijo: «Señor [...] si hubieras estado aquí, mi hermano no habría muerto». Pero tal afirmación en sí solo es verdad en parte, ¡porque Jesús podría haber evitado que Lázaro muriera sin necesidad de estar allí siquiera!

Cristo podría haber sanado de inmediato a su amigo con una sola palabra desde muchos kilómetros de distancia. Sin embargo, estoy convencido de que el milagro que llevó a cabo iba mucho más allá de resucitar a un muerto. Jesús quería usar la influencia del proceso de la espera, la fe y la audacia de creer para cambiar la mentalidad de María y Marta. Incluso después de decirle a Marta que su hermano resucitaría, ella interpretó mal sus palabras y pensó que se refería al juicio final, cuando todos resucitarán (Juan 11.24). Su forma de entender la mortalidad y la vida después de la muerte estaba limitada por lo que sabía, pero los datos que tenía eran incompletos.

Al obligarla a esperar cuatro días antes de resucitar a Lázaro —no uno, ni dos, ni tres, ¡sino *cuatro* días!— Jesús quiso dejar clara una cosa. Básicamente, fue como decir: «Yo no estoy limitado por el tiempo o el espacio. No estoy limitado por lo que ustedes perciben como posible. No estoy limitado por lo que saben o piensan que saben».

Él tenía que permitir que *esperaran* a que Lázaro muriese. Por doloroso que fuera para ellas, y puede que también para Jesús sabiendo que sus amigas estaban llorando la pérdida de su hermano, les permitió vivir un milagro aún más poderoso que el de sanar a los enfermos. No solo contestó las súplicas desesperadas de las hermanas, sino que llevó mucho más lejos su creencia de lo que Dios era capaz de hacer.

DANOS PACIENCIA

Ahora bien, seamos sinceros: esperar es doloroso. A nadie le gusta esperar. Desde pequeños —como mis hijos que nada más subirse al coche ya están preguntando cuánto falta para llegar— hasta nuestro último aliento, esperando ya llegar al cielo, casi todos tenemos problemas con la paciencia. Ya conocemos el dicho: «¡Necesito paciencia y la necesito ya!».

De verdad que no conozco a nadie dispuesto a hacer cola para esperar la bendición. La mayoría de las personas se subirían al autobús del «ahora mismo». En nuestra sociedad, la norma es darse prisa para disfrutar de una gratificación inmediata. Tenemos comida rápida, citas rápidas, transferencias bancarias en nanosegundos, nos gusta movernos a la velocidad de la luz. Mientras más produzca una empresa en el menor tiempo posible, mejor, ¿no? Mientras más produzca una persona en el menor tiempo posible, más dinero ganará.

Seguro que Dios se estará riendo a nuestra costa al ver que vamos siempre corriendo a todas partes tratando de hacer las cosas lo más deprisa posible. El proceso de la transformación espiritual para parecernos a Cristo no tiene atajos. Dura lo que dura. Y mientras tanto, podemos practicar la paciencia.

La Biblia nos dice que Dios lo creó todo en su momento (Eclesiastés 3:11). A veces tengo la sensación de que nuestro Padre celestial nos dice: «No me apresuren. No se preocupen, hijos míos, yo me ocupo de todo. Relájense y esperen. No me apresuren». No puedo evitar creer que muchas de las cosas que esperamos que ocurran son sencillamente una cuestión de tener un poco más de fe en Dios y aprender a adaptarnos a su perspectiva eterna en vez de insistir en nuestro punto de vista limitado y temporal.

Cuando Jesús obligó a María y Marta a esperar, les dijo: «Quiero que cambien la perspectiva que tienen de la verdad». Básicamente es como aprender a resolver ecuaciones matemáticas avanzadas. Tenemos que librarnos de ciertas limitaciones para poder comprender un sistema nuevo, más grande y diferente, así como sus variables. Nuestra capacidad de pensamiento está limitada por el hecho de ser humanos, pero además tendemos a buscar que las cosas tengan sentido, que sigan un orden lógico, que haya una relación clara entre las piezas del rompecabezas.

Las indicaciones y las decisiones que Dios desea que sigamos y tomemos no siempre tendrán sentido desde la perspectiva del ser humano. Si le decimos a un amigo: «Creo que el Señor quiere que deje mi trabajo y empiece mi propio negocio», y nuestro amigo no es capaz de imaginar cómo iremos desde el punto en que dejemos el trabajo hasta que pongamos en funcionamiento ese nuevo negocio, pensará que es una locura. Por razones lógicas, ese amigo no es capaz de vernos progresando desde ser un empleado hasta tener un negocio propio.

Y como no puede ver la progresión, tampoco puede aceptar la idea de que no queramos seguir en nuestro trabajo. Él no es capaz de verte fuera de allí, porque no le es posible abandonar ese proceso de pensamiento acerca de cómo te ve y entender la situación. María no podía renunciar a lo que ella consideraba que era verdad sobre la muerte de su hermano y la capacidad de Jesús para sanarlo. Aunque conocía a Jesús y confiaba en él en calidad de Mesías, no tenía la capacidad de esperar a ver cómo se desarrollaban los acontecimientos.

Tal vez Dios nos haya dejado esperando mucho tiempo algo que deseábamos con todas nuestras fuerzas. Es posible que haya encendido la chispa de un sueño en nuestra cabeza que lleve años, incluso décadas, ahí plantado, y que aún no se haya creado una gran llama pese a todo ese tiempo. Las ascuas no se han apagado del todo, pero tampoco han prendido más fuerte. No alcanzamos a entender por qué estamos atascados en mitad del proceso, esperando y preguntándonos qué sucederá. Sin embargo, llegará un momento en que Dios derramará el combustible de la oportunidad sobre las ascuas de nuestro sueño para que se conviertan en un verdadero incendio.

UNA Y OTRA VEZ

Para cultivar la paciencia que requiere nuestro proceso, debemos entender que como cristianos nos regimos según dos sistemas temporales diferentes. Uno es *cronos*, que sería el movimiento terrestre hacia adelante con un momento detrás de otro, y el segundo es *kairos*, un patrón del tiempo que funciona según la perspectiva eterna de Dios y obedece a los designios divinos que tiene preparados para nuestra vida. Ahora mismo estamos experimentando los dos, lo que no siempre nos resulta fácil de recordar, sobre todo cuando estamos cansados de esperar. No obstante, comprender el funcionamiento de cada sistema puede hacernos la vida un poco más fácil.

Cronos es el tiempo en el que normalmente pensamos: los segundos, minutos, horas, semanas, meses y años que utilizamos para medir el tiempo en nuestra vida. Según el dicho, el tiempo no espera a nadie, y todos estamos sujetos a su paso inalterable. Da igual quiénes somos o de dónde venimos; si somos jóvenes, viejos, altos, bajos, delgados o ricos; quién es nuestra madre o nuestro padre. No importa si vivimos en África o en Alabama; todos nos regimos y funcionamos bajo la influencia de *cronos*. Nadie puede influir en este tiempo ni añadir una hora a las veinticuatro que forman un día.

Kairos, por su parte, es una oportunidad, un momento fuera del *cronos*. Es ese instante que literalmente lo cambia todo con respecto a la situación previa. Suele ser inesperado, sorprendente, impactante incluso. Algunas personas lo llaman coincidencia, pero a mí me gusta pensar que se trata del ahora sobrenatural.

En mi experiencia, *kairos* es el momento en que Dios toma el mando de la situación y obra el milagro. Es cuando no tienes dinero para pagar las facturas, pero el correo trae un cheque. Es cuando el médico dice que no hay cura para tu enfermedad y te curas. Es cuando un hijo se descontrola y se pierde en este mundo, y luego vuelve a casa como si nunca se hubiera marchado.

Los momentos *kairos* pertenecen a Dios, son milagros, giros divinos que a los demás les parecen imposibles. Es el instante en que Lázaro vuelve a la vida, cuando el cojo se cura, cuando el agua se convierte en vino. La Biblia nos dice: «Para los hombres es imposible, [...] mas para Dios todo es posible» (Mateo 19.26). Esta es una de mis historias favoritas y siempre me da esperanza cuando una situación parece desesperada. Nos asegura la presencia de Dios en esos momentos *kairos* de la vida y nos permite soñar cuando parece que nuestros sueños están muertos. Nos permite ser felices cuando tenemos el corazón roto. Nos recuerda la verdad eterna de que Dios será siempre el Dios de las oportunidades del *kairos* frente a las imposibilidades del *cronos*.

¡Así que no subestimes el poder de un momento, amigo mío! Cuando te sientas atrapado en un cruce de caminos en la vida y la luz roja se niegue a cambiar, recuerda que el rojo significa ir a Dios. Su sentido del tiempo siempre será más beneficioso para nosotros que el que nos muestran los relojes y calendarios. Ya sabemos lo que dicen: «¡Puede que Dios no se aparezca cuando queremos, pero siempre llega a tiempo!».

TRANSFORMA LOS MOMENTOS ROJOS EN TRIUNFOS VERDES

PROFUNDIZA

¿Qué esperas que ocurra en tu vida en este momento? ¿Cuánto tiempo llevas esperando? ¿Qué te ha dicho Dios sobre ese deseo de tu corazón? ¿Qué te ha mostrado o enseñado en este tiempo mientras esperabas? ¿En qué sentido te has acercado más a Dios en medio de tu período de espera? ¿Qué podrías estar haciendo para acercarte a él en vez de limitarte a esperar?

AVANZA

Señor:

Esperar se hace muy difícil a veces, y te doy las gracias por permanecer a mi lado sin importar lo que pase o dónde me encuentre. Sé que tienes un plan para mí, un buen plan establecido pensando en lo que es mejor para mi vida, por eso te pido que me des paciencia para esperar a que llegue el momento oportuno y no ceder a la desesperación o la rebelión en un intento por tomar el control de mi tiempo.

Recuérdame, Dios, que estoy limitado por el tiempo cronos, pero que tú estás por encima del tiempo en el reino sobrenatural del tiempo kairos. Dame ojos para ver lo que es eterno y ayúdame a mirar más allá de las comodidades y el bienestar temporales que con frecuencia anhelo.

Te alabo por todo lo que haces por mí, Señor. Por las cosas que puedo ver y por las que nunca veré hasta que esté contigo en el cielo.

Oro a ti en el nombre de Jesús, amén.

CAPÍTULO 8

EN EL PUNTO DE MIRA

REDEFINIR EL ROJO CUANDO ESTAMOS EN PELIGRO

Cuando me atrevo a ser poderoso, a
utilizar mi fuerza en beneficio de mi visión,
entonces deja de importar si tengo miedo.

—AUDRE LORDE

En calidad de pastores, mi esposo y yo viajamos con frecuencia para predicar, enseñar y ministrar en iglesias de todo el mundo. A veces vamos juntos, pero lo más frecuente es que nos turnemos, de manera que uno viaja y el otro se queda con los niños. Estos viajes misioneros resultan siempre emocionantes y están llenos de momentos asombrosos en los que Dios nos deja ver cómo obra. Sin embargo, hay uno en particular, una visita al hermoso Brasil, que nunca olvidaré.

Junto a mi amiga Jodi y mi cuñada Teena, miembros también de nuestra iglesia en Omaha, volamos a São Paulo, Brasil, y desde allí tomamos un segundo vuelto hacia la ciudad costera de Fortaleza, donde se habla portugués. Había oído hablar mucho de la belleza de aquella ciudad, tanto a nuestros anfitriones como a otros compañeros que habían estado allí, con sus playas de arena blanca, las aguas azul turquesa y las amables sonrisas de sus más de tres millones de habitantes.

Para cuando llegamos por fin, nuestro equipo llevaba más de veinticuatro horas de viaje y nos sentíamos como zombis: demasiado cansados para mantenernos de pie y demasiado cansados para dormir. Todavía era temprano cuando llegamos al hotel, así que decidimos quedarnos un poco más despiertas para adaptarnos al horario. Sabíamos que no queríamos alejarnos mucho, por eso optamos por dar un paseo corto hasta la playa.

La suave brisa marina nos dio la bienvenida mientras contemplábamos las tiendas, los edificios y los restaurantes cercanos a la playa. El sonido del tráfico armonizaba con la música estridente y la ruidosa charla de los grupos de turistas. La bulliciosa ciudad me recordaba a Miami por la forma en que su dinámica vida urbana se mezcla con la belleza natural de sus playas.

Fiel a la descripción que hacía el folleto turístico, la playa se extendía hasta donde alcanzaba la vista, con nada más que olas de mar azul acercándose a acariciar suavemente la arena. Antes de que nos diéramos cuenta nos topamos con hileras de puestos callejeros, una feria según los oriundos del lugar, en la que la gente vendía todo tipo de productos artesanales: cestas, sombreros, camisetas, llaveros, joyas, *souvenirs* y muchas cosas más. En otros puestos vendían bebidas hechas a base de frutas tropicales y otras delicias del país. La atmósfera rebosante de vida de aquel lugar, lleno de familias pasando el rato y curioseando en los puestos del paseo, nos revivió.

Pero no por mucho tiempo.

CUANDO OSCURECE

Compramos varios artículos y contemplamos la puesta del sol, el cual se convirtió en una llama naranja que dejó un rastro dorado en el horizonte sobre el agua. Llevábamos allí un par de horas y empezó a oscurecer, así que decidimos regresar al hotel. En cuanto se hizo de noche, probablemente alrededor de las nueve o algo así, nos dimos cuenta de que la atmósfera había cambiado. Recorrimos el camino de vuelta al hotel y empezamos a ver chicas en la calle, algunas solas, pero la mayoría formando pequeños grupos. Eran chicas muy jóvenes que no tendrían más de once o doce años. La escasa ropa que llevaban encima dejaba a la vista sus cuerpos bronceados y sus rostros resplandecientes de maquillaje. Esperaban entre las sombras de los callejones y los soportales de las tiendas a que llegaran sus clientes.

Ahora bien, ya es de por sí bastante duro observar a una mujer que vende su cuerpo en la calle, pero ver a aquellas chicas, aquellas niñas, me revolvió el estómago e hizo que se me cayera el alma a los pies. Era descorazonador ver cómo se comportaba la gente a nuestro alrededor, como si aquello fuera totalmente normal, cuando no lo era en absoluto.

Al pasar junto a un grupo nos dimos cuenta de que había varios chicos con aspecto femenino, algunos solo travestidos y otros en el proceso de un cambio de sexo. Me llamó la atención uno en particular, un adolescente alto, espléndidamente maquillado, que llevaba de la mano a una niña pequeña. El chico poseía la belleza de una preciosa joven, pero había pequeños detalles que creaban una discordancia cognitiva que nos hizo darnos la vuelta: una nuez de Adán prominente, grandes pies, el atisbo de la barba.

Los dos echaron a andar, avanzando unos pasos antes que nosotras en la misma dirección, y deteniéndose finalmente en un McDonald's al aire libre en el camino.

Teena, Jodi y yo estábamos tan asombradas con ambos que los seguimos para verlos mejor y comprobar si nuestros ojos nos estaban engañando o no. Nuestro cerebro no era capaz de procesar cómo aquel joven tan impresionante, esbelto y atlético podía tener aquella piel aceitunada perfecta, pómulos altos, preciosos ojos y labios color rubí. Y su «hermana pequeña» era igual de hermosa y poseía la misma constitución física.

Probablemente estábamos boquiabiertas, pero no podíamos dejar de mirarlas, tratando de leer lo que decían sus ojos y ver lo que ocurría en sus vidas. No lo hacíamos a propósito, pero quizás pensamos que podríamos averiguar algo de ellos, ayudarlos incluso de alguna manera. Sin embargo, no tardamos en comprender que aquel no se parecía a ningún otro McDonald's en el que hubiéramos estado antes. Las colas estaban atestadas de clientes, en su mayoría hombres, esperando para pedir algo que claramente no estaba en el menú.

Destrozadas al ver lo aceptado culturalmente que estaba aquel fenómeno, nos fuimos. Fue entonces que nos dimos cuenta de la fila de taxis que esperaban en la calle. Nos percatamos de que muchas de las chicas no subían ni bajaban de ellos, sino que se paraban a hablar con los taxistas. Cuando llegaba un cliente nuevo, el taxista le preguntaba a su pasajero si le interesaba lo que ofrecían las chicas. ¡No podía creerlo! Las escenas que tan seguras y normales nos habían parecido al salir del hotel —la playa, los puestos de comida, los taxis— formaban parte ahora de un mundo bien distinto, en el que los niños eran objetos sexuales que se compraban y vendían, productos para usar y tirar.

Esto me rompió el corazón.

COMIDA Y BALAS

A la mañana siguiente, después de una merecida noche de descanso, nos despertamos y nos preparamos para reunirnos con un grupo de pastores locales que querían llevamos a comer y enseñarnos la ciudad. Tras las presentaciones y los saludos, les contamos lo que habíamos visto la noche anterior y nos enteramos de que habíamos sido testigos de primera mano de uno de los mayores problemas que sufría la ciudad.

Había leído en alguna parte que Fortaleza era la segunda ciudad afectada por el tráfico sexual, justo detrás de Tailandia, pero no me había dado cuenta de lo extendido y aceptado culturalmente que estaba el hecho. Al parecer, Fortaleza era conocida por proveerles sexo a los turistas, a quienes les ofrecían todo un bufé de placeres perversos para satisfacer sus depravados deseos. El comercio sexual era un negocio lucrativo que la mayoría de los residentes aceptaba como algo que no podían cambiar.

Nuestros anfitriones quisieron honrarnos llevándonos a un buen restaurante. Nos pareció un lugar moderno, decorado con elegancia en hermosos colores. ¡Hasta que vimos al guardia uniformado que nos recibió con un subfusil Uzi! Protegido con un chaleco antibalas, aquel hombre gigantesco interrogó a nuestros anfitriones antes de dejarnos pasar con un gesto de la cabeza. Los pastores locales estaban claramente familiarizados con aquellas medidas de seguridad tan extremas, pero yo no salía de mi asombro. Allí estábamos, en uno de los restaurantes más elegantes de la ciudad, pero era necesaria la protección de un hombre armado con un Uzi. ¡Era evidente que ya no estábamos en Nebraska!

Tras un almuerzo delicioso y sin incidentes, nuestros anfitriones nos llevaron en auto a ver la propiedad que acababan de comprar. Nos explicaron que se encontraba en mitad de la favela de la ciudad, un barrio bajo en el que vivían hacinadas personas carentes de recursos, sin hogar, adictos y delincuentes. El barrio estaba formado por chabolas construidas por los propios habitantes y gobernado por los señores de la droga y sus bandas. La favela es un lugar en el que el crimen campa a sus anchas, un lugar peligroso y violento en el que reinaba la anarquía, ya que la policía lo consideraba demasiado peligroso para entrar. ¡Uno sabe que tiene un problema cuando la *policía* se niega a patrullar un barrio porque lo considera peligroso!

Mientras atravesábamos las calles en el auto nuestros anfitriones nos contaban que aproximadamente un tercio de la población urbana de Brasil vivía en una favela, y la mayoría de ellos no tenían padres, lo que revela que los ciclos de la pobreza y el crimen se perpetúan continuamente, esclavizando a millones de personas. Los vecinos de la favela se detenían para mirarnos con ojos vacíos y atormentados, preguntándose muy probablemente qué diantres estábamos haciendo allí. Las casas por las que pasábamos estaban hechas polvo, tenían las ventanas rotas y las paredes llenas de grafitis. Los negocios habían dejado de funcionar, lo que dejaba a los improvisados emprendedores la posibilidad de vender sus mercancías en las aceras.

Parecía que estuviéramos en una zona de guerra entre solares de tierra y trozos sueltos de hormigón, pero aun así aquellos pastores habían comprado un terreno y levantado una iglesia en él. Ellos celebraban un servicio todos los viernes por la noche, al que asistían más de cien chicos. Nuestros anfitriones también habían aprendido por las malas que no eran bienvenidos. Como no querían andar llevando y trayendo los instrumentos musicales y el equipo electrónico cada vez, instalaron un contenedor enorme con candado en la iglesia. Luego de la primera noche que pasó allí se lo encontraron con el candado roto, lleno de grafitis con las marcas de las bandas. Por supuesto, habían robado todo el contenido. Solo habían dejado unas latas vacías de cerveza y la parafernalia utilizada para el consumo de drogas.

Pese a lo que nos contaban y al deterioro urbano de la zona, no tenía miedo. Éramos un grupo pequeño, compuesto por cinco mujeres y dos hombres, pero yo ya había estado antes en las favelas de São Paulo y en barriadas similares en las principales ciudades del mundo. Imaginaba que nuestros anfitriones no nos habrían llevado al lugar si fuera realmente peligroso, por lo que me limitaba a escuchar y orar en silencio, rogándole a Dios que los protegiera y bendijera su ministerio con aquella parte de la comunidad tan maltratada.

Es muy probable que la otra razón por la que no sentía miedo fuera que solo habíamos ido a dar un vistazo, no a quedarnos. En realidad, los pastores habían dejado los autos abiertos para que pudiéramos salir, ver la propiedad, tomar algunas fotos con nuestros teléfonos y subir a ellos de nuevo. Había gente en la calle, un niñito pequeño vestido únicamente con el pañal, un par de chabolas y niños jugando y riendo. Un poco más abajo de donde estábamos, el único adulto en las cercanías era un hombre que los pastores conocían, porque asistía a los servicios de los viernes. Se saludaron y nadie parecía nervioso o asustado. El hombre asintió con la cabeza y sonrió, y a continuación se alejó y sacó su teléfono presumiblemente para llamar a alguien.

Cuando nuestros anfitriones terminaron de contarnos lo que pretendían hacer al construir una iglesia en aquella zona, alabé a Dios, emocionada por el trabajo de aquellos pastores.

Entonces, mientras volvíamos a nuestro auto, levanté la vista y vi a aquel hombre joven, el mismo que acababa de saludar a nuestros anfitriones momentos antes, que venía corriendo hacia nosotros y farfullaba no sé qué con algo oculto por un pañuelo de cuadros verdes y blancos.

Era un arma.

GRACIA A PUNTA DE PISTOLA

Debíamos haberles parecido las víctimas más fáciles que había visto en su vida. Allí estábamos, con nuestros bolsos, relojes, anillos y iPhones a la vista de todos. Yo había oído que los teléfonos móviles se vendían allí por mil dólares o más, pero no se me había ocurrido esconderlo. Así que aquel tipo que nos había parecido tan afable un minuto antes nos apuntaba con una Glock en ese momento.

Él empezó a gritar en portugués y no me hacía falta traductor para saber lo que decía. ¡Era evidente que nos estaban atracando! Me quedé petrificada y agradecí que una de las pastoras del grupo me rodeara los hombros con su brazo. No me encontraba sola. Estábamos todos juntos y Dios se hallaba con nosotros.

Luego salieron de la nada otros cinco o seis hombres, muchos de ellos llevaban la cara cubierta con pañuelos o trapos de los ojos para abajo, y nos apuntaron con sus armas.

Pido perdón por lo que voy a decir, pero lo primero que hice, casi sin pensar, fue quitarme ese anillo que tanto me gusta ponerme cuando viajo. Hace tiempo que lo tengo y pega con casi todo, por eso es perfecto para viajar. Fue el primer anillo que me regaló mi esposo, un anillo de compromiso temporal mientras diseñaban y hacían el «verdadero». Por mucho que me guste mi anillo verdadero, evito ponérmelo cuando viajo, por eso llevaba el otro.

No pensé en el bolso, ¡pero no tenía intención de dejar que me robaran mi anillo! Es posible que se debiera al gueto que hay en mí, pero lo que hice fue quitarme el anillo y esconderlo disimuladamente en el bolsillo tan rápido como pude. Como si un bolsillo fuera un escondite seguro frente a una banda de ladrones en una favela de Brasil.

Sin embargo, uno de los hombres debió verme, porque se acercó y señaló el bolsillo con su arma. Justo en ese momento me di cuenta de que tal vez no fueran a robarnos, sino que prefirieran secuestrarnos para pedir un rescate. ¡Santo cielo! No había sitio para la esperanza en mi mente en ese momento. ¡Comparado con que me secuestraran y torturaran, entregar mis joyas no me parecía grave!

Saqué mi amado anillo para los viajes y el atracador me indicó por medio de gestos que lo siguiera. Le entregué también mi reloj, mi alianza de boda, mi teléfono y mi bolso, y me di cuenta de que el resto del grupo estaba haciendo lo mismo. Probablemente fue ese el momento en que empecé a rogarle a Dios que se contentaran con nuestras pertenencias y nos dejaran en paz. Sabía lo suficiente sobre la economía brasileña para suponer que el dinero, los teléfonos y las joyas que acababan de robarnos equivaldrían a lo que ganaba un habitante de la favela en un año.

Justo en ese momento la pastora Fernanda, nuestra anfitriona y una mujer encantadora, le gritó algo al hombre armado que estaba delante de Teena. El individuo estaba tratando de quitarle la cadena que llevaba al cuello cuando Fernanda le ordenó que la dejara en paz, y sorprendentemente lo hizo.

Y recuerdo que pensé: *Señor, sigues siendo Dios, sigues siendo grande y estás aquí con nosotros*. Tal vez todo terminaría rápido para poder seguir con lo que habíamos ido a hacer allí. Entonces, vi que otro de los hombres armados le indicaba por medio de gestos a mi amiga Jodi y al resto de nosotros que nos tirásemos al suelo.

Aquello no había terminado aún.

TRAICIONADO POR NUESTRA
PROPIA SANGRE

Tumbada boca abajo en el suelo de tierra lleno de colillas, tapas de botellas y hormigas bravas rojas, no quería ni pensar en lo que podría ocurrirnos, en que nuestra vida corría peligro. Ahora sé que seguramente sería el Espíritu Santo protegiendo mi mente y mi corazón, dándome la paz de Dios en un ambiente nada pacífico.

Sin embargo, después pensé en lo que todo esto debió ser para nuestros anfitriones. Aunque sabían que nos estábamos adentrando en un terreno peligroso para ver la nueva iglesia, habían reconocido al hombre que nos robó como alguien que asistía a sus servicios. A pesar de que yo no entendía lo que decían, sí notaba el tono amigable de su conversación. Enfrentarse a la traición de alguien en quien confiamos no es nada nuevo, es algo tan viejo como cuando Caín mató a Abel y Judas besó a Jesús para identificarlo ante los soldados romanos. No obstante, cuando reflexionaba más tarde sobre cómo se enfrentan al peligro las personas de fe, pensé en José.

Seguro que José se quedó muy impactado cuando se enteró de lo mucho que lo despreciaban sus hermanos. Es posible que su padre lo favoreciera más que a sus otros hijos, pero seguro que ellos sabían que los amaba a todos. Por supuesto, sabemos que José tenía esa túnica de colores, la cual lo hacía sentirse especial.

Y sospecho que no solo era la túnica lo que lo hacía sentir especial. José estaba convencido de que Dios le tenía muchas cosas preparadas. Tal vez sería un poderoso guerrero. Es posible que tuviera que viajar a tierras lejanas y relacionarse con reyes y reinas. Sin importar qué fuera lo que le esperaba por delante, José sabía que su destino se acercaba, porque no dejaba de tener sueños. Extraños y llenos de simbolismo, los sueños le indicaban que un día sería un gran líder a quien los demás servirían y reverenciarían.

Había un sueño en concreto que se lo dejaba bien claro. En él, José se veía en la cúspide de una montaña que se elevaba por encima de la tierra, tan alta que casi podía tocar las nubes. Desde allí arriba veía que el sol, la luna y las estrellas se inclinaban ante él a sus pies. En otro sueño, sus hermanos y él hacían gavillas con el trigo en el campo. Entonces, la gavilla que estaba atando se levantó mientras que las de ellos la rodearon y se inclinaron ante ella.

Aparentemente, un día sus hermanos se inclinarían ante él.

Sin embargo, como ocurre con la mayoría de los hermanos, estos no querían ni oír hablar de los sueños de su hermano menor. Es posible que fuera una ingenuidad por parte de José pensar que a sus hermanos les gustaría saber que él, el hermano pequeño, se convertiría en alguien más importante que ellos. Bastante celosos estaban ya. ¿Por qué iban a querer saber que José llegaría a gobernarlos?

Y tiene gracia, porque incluso su padre, Jacob, se preguntaba si no se le estaría yendo la mano a José con sus sueños. Es cierto que era su favorito, pero aun así, las cosas tenían un límite. Como cualquier buen padre que intenta que reine la paz en la familia, Jacob se limitó a decirle: «Escucha, ¿de verdad crees que tu familia se inclinará ante ti? ¡Pero si no eres rey! Ya basta de tonterías. ¡A trabajar!».

No obstante, al parecer, los intentos del hombre fueron en vano, porque los hermanos de José no tardaron en conspirar para traicionarlo. Estaban hartos de él y sus sueños, y decidieron terminar con el asunto de una vez por todas.

Como ellos alcanzaron a verlo desde lejos, antes de que se acercara tramaron un plan para matarlo. Se dijeron unos a otros:

—Ahí viene ese soñador. Ahora sí que le llegó la hora. Vamos a matarlo y echarlo en una de estas cisternas, y diremos que lo devoró un animal salvaje. ¡Y a ver en qué terminan sus sueños! (Génesis 37.18-20).

¿Te imaginas que tu propia familia te hiciera algo así? Que un desconocido te amenace es una cosa, pero que tus propios hermanos lo hagan tiene que doler mucho más. ¿Alguna vez te has encontrado en el fondo de un pozo por culpa de los demás? En momentos tan difíciles, ya sea frente a situaciones amenazadoras o sepultado bajo el dolor y la soledad, nuestra fe se siente muchas veces impotente. Y a veces terminamos saltando de un pozo a otro, al igual que le ocurrió a José. Como recordaremos, sus hermanos no lo abandonaron en aquel pozo seco, sino que lo vendieron a unos viajantes, unos ismaelitas, que se lo llevaron a Egipto. Y por si ser vendido como esclavo no fuera bastante malo ya, la esposa de su señor acusó falsamente a José y terminó en prisión.

Pese a todo, él no se rindió.

AFERRARSE A LA ESPERANZA

Ruego que nunca los traicionen ni los pongan en peligro como hicieron con José, pero como pastora, he sido testigo innumerables veces de las devastadoras consecuencias que tiene el adulterio, el abuso y la adicción. Sé que muchos de nosotros debemos enfrentarnos a traiciones inesperadas que nos lastiman emocional y físicamente. He visto los moretones en el rostro de mujeres de los suburbios que son víctimas silenciosas de malos tratos, y también he presenciado los horrores de los niños que obligan a prostituirse. Sé que la violencia no discrimina.

A veces, esos momentos de peligro pueden parecer aún más difíciles de soportar cuando intentamos hacer lo correcto. Una cosa es que nos traicionen por ser arrogantes o comportarnos como si fuéramos especiales, como posiblemente hizo José, y otra bien distinta que lo hagan por tratar de servir y atender a los demás, cumpliendo el propósito de Dios. ¡Lo que quiero decir es que habíamos ido a Brasil a llevar la Palabra de Dios invitados por otros creyentes y estábamos visitando su nueva iglesia cuando nos atracaron a punta de pistola!

¿Alguna vez te han atracado o te han amenazado o maltratado para llevarse lo que te pertenece? ¿Has tenido que soportar amenazas y la persecución de los demás por defender un sueño? La traición puede tener muchas formas. Como en el caso de José, es posible que alguien de tu familia tenga celos o te guarde rencor por algo. O también que algún compañero de trabajo o equipo esté dispuesto a mentirte, engañarte y hasta robarte. Tal vez la traición venga de manos de personas a las que creíamos amigas, pero luego descubrimos que se han dedicado a minar nuestra reputación en las redes sociales.

Por dolorosos, temibles y desesperados que puedan parecer esos momentos, no debemos perder la esperanza. José nunca dejó de confiar en Dios, ni siquiera en las circunstancias más adversas, y por lo tanto siguió teniendo la aprobación del Señor. Al mantenerse fiel a Dios, José se negó a convertirse en una víctima, y sospecho que no sintió lástima de sí mismo. A pesar de lo que sufrió a manos de sus propios hermanos y otros allegados, sabía que Dios no lo había abandonado y que nunca lo haría. Nosotros tenemos que hacer lo mismo, aunque se nos caiga encima el mundo y nos traicionen aquellos a los que tanto amamos.

Cuando vivimos según nuestra fe y confiamos en que Dios nos curará las heridas y nos redimirá de nuestras pérdidas, no importa lo hondo que sea el pozo o lo aterradora que sea la situación. Dios nos bendice y nos presta sus brazos protectores incluso en los momentos más negros. «Por causa de José, el Señor bendijo la casa del egipcio Potifar a partir del momento en que puso a José a cargo de su casa y de todos sus bienes. La bendición del Señor se extendió sobre todo lo que tenía el egipcio, tanto en la casa como en el campo» (Génesis 39.5).

Ruego a Dios que nunca te encuentres en el fondo de una cisterna como José o te atraquen a punta de pistola como me ocurrió a mí en Brasil, pero eso no quiere decir que no tengas que enfrentarte a las hostilidades de los demás y la adversidad. Es posible que cuando eso ocurra, te encuentres tumbado boca abajo en el suelo y te sientas indefenso. ¡Sin embargo, no te rindas! Por difícil o peligrosa que sea la situación, Dios estará ahí contigo. No te abandonará ni renegará de ti. Y cuando Dios está de tu lado, no importa quién esté en tu contra.

ATREVERSE A LLEVAR LA CONTRARIA

Tendidos en el suelo en uno de los peores barrios de la ciudad de Fortaleza, me sentí como debió de sentirse José en el fondo de aquella cisterna. Ya es bastante malo que te asalten, pero no poder entender lo que decían los atracadores mientras nos robaban era aún peor. Mi grupo siguió el ejemplo de nuestros anfitriones y todos nos quedamos en el suelo.

Entonces me di cuenta de que la pastora Fernanda no estaba tumbada. Ella había empezado a arrodillarse, pero se quedó paralizada en su lugar. De repente empezó a gritarles a los asaltantes con palabras cortantes e insistentes. No me hacía falta saber portugués para saber que les estaba dando una reprimenda. ¡Era como si se hubiera convertido en la hija de la Mujer Maravilla y el increíble Hulk! Casi me daba más miedo que los atracadores en aquel momento. Le pedí a Dios que se callara antes de que aquellos bandidos se molestaran y tomaran represalias con ella.

El líder de la banda la miró mientras los demás pandilleros nos quitaban el dinero y los celulares para después repartir el botín entre todos. Fue entonces cuando me acordé de que no habíamos cerrado

con llave los autos y pensé: *¡Ahora nos robarán los autos también!
Seguro que lo harán. Y si no lo hacen, nos dejarán aquí tirados en
medio de esta favela.*

¡Las cosas siempre pueden ir a peor!

Mientras tanto, Fernanda continuaba gritándole al líder, que le
apuntaba con su arma, pero ella no se callaba. La tensión aumen-
tó entre ellos, pero yo no lograba entender cómo la pastora podía
hacerle frente de aquella manera sin un arma o algo con lo que poder
negociar. ¿Acaso no se daba cuenta de dónde estábamos y a quién
nos enfrentábamos? ¿Sería una reacción incontrolable causada por el
estrés de la situación?

Después supe a qué se debía la actitud de Fernanda. En las favelas existe un código tácito según el cual todos respetan a los que
viven en el barrio. Una cosa es robarles a los turistas o a alguien
de la ciudad que se ha perdido, pero normalmente nadie buscaba problemas con sus vecinos de la favela y trataban de evitarse.
Era un poco como decir: «Oye, los dos somos del mismo barrio y
nos conocemos, así que yo no me meteré contigo si tú no te metes
conmigo».

De modo que Fernanda les estaba diciendo era: «¡Miren, no
somos extraños! Yo soy de aquí, este es mi sitio. Hemos comprado un
terreno y hemos construido una iglesia. ¡Sí, una *iglesia*! Nos hemos
establecido aquí en la comunidad y no pensamos irnos. ¿Y así es
como nos tratan? ¿Están locos? Esto está mal, están infringiendo las
reglas. Así que déjennos en paz ahora mismo».

Mientras permanecía en el suelo, yo seguía orándole al Espíritu Santo. No me salían las palabras, pero mi corazón le rogaba
a Dios que interviniera, que tuviera piedad, que nos protegiera a
todos, a nuestro grupo y también a nuestros anfitriones. Me alegra
mucho saber que en los momentos más difíciles, aunque no sepamos qué decir ni cómo hacerlo, siempre podemos encomendarnos

al Señor. Él oye nuestras súplicas, y estoy segura de que oyó las mías aquel día.

Así que allí estaba yo, tumbada en el suelo y orando como uno de los apóstoles originales en Pentecostés, agitando mis armas espirituales frente a aquellos atracadores y rogándole al Padre celestial que interviniera. ¡Todo sin palabras, pues ciertamente Fernanda ya estaba hablando por todos nosotros! No tenía ni idea de lo que iba a pasar, pero sí sabía que Dios no nos había abandonado y en ese momento estaba haciendo algo para ayudarnos.

Por su parte, Fernanda seguía hablando y riñéndoles a los ladrones.

Parecía que el tiempo transcurría a cámara lenta, y no tengo ni idea de cuánto tiempo estuvimos allí tumbados. Tenía la sensación de que hubiera pasado una eternidad, y al final tampoco importa cuánto tiempo fuera en realidad, porque resultó más que suficiente. Suficiente para que Dios oyera nuestras súplicas y nos salvara.

Los atracadores salieron corriendo.

Fue obvio que lo que Fernanda les dijo —por no mencionar a Dios— funcionó. Ellos se llevaron lo que quisieron y desaparecieron por el callejón más cercano. «¡Gracias, Jesús!», dije mientras nos levantábamos lentamente del suelo. Los demás me imitaron y sin darnos ni cuenta improvisamos un acto de adoración. En medio de los aleluyas, dije: «¡Pero ahora deberíamos irnos! Todos al auto. ¿De acuerdo?».

Estábamos a punto de entrar al auto cuando algo captó mi atención. Mi bolso estaba sin abrir en el mismo lugar donde había caído después que el atracador me lo quitó. Aunque podría haberse metido fácilmente el asa por la cabeza, debió tirarlo al ver que necesitaba las dos manos para sujetar la pistola mientras nos quitaba el resto de nuestras cosas.

No todo se había perdido.

SANA Y SALVA

Estábamos a punto de irnos cuando Fernanda insistió en que llamáramos a la policía para que atrapara a los atracadores. Su esposo aún temblaba y sudaba después del aterrador encuentro, así como el resto de nosotros, pero esta enérgica mujer seguía furiosa por la situación.

«¡No se saldrán con la suya! ¡Voy a llamar a la policía y que organicen un tiroteo!», dijo. Al parecer, cuando la policía se aventuraba a entrar en la favela, el resultado era un tiroteo entre los residentes y los miembros de las fuerzas del orden. Los líderes de las bandas y los señores de la droga consideraban una ofensa personal que la policía entrara en su territorio y habían dejado bien claro que matarían a cualquier policía que vieran por allí. Pero a Fernanda no le importaba, ella solo quería justicia.

«Está bien, Fernanda», le dije. «No hace falta que recupere mi reloj o mis anillos. Puedo comprar otros. Volvamos a la iglesia y olvidemos lo ocurrido».

Llegamos a un acuerdo y dejamos a los hombres para hablar con la policía mientras las mujeres esperábamos en la iglesia de nuestros anfitriones. Debía estar en estado de conmoción, porque no recuerdo gran cosa de lo que sucedió durante el resto del día. ¡Era como estar en una película! ¡Empecé en el aeropuerto de Omaha y terminé en el set de rodaje de *Búsqueda implacable*!

Más tarde aquel mismo día, la policía llamó a la iglesia para decirnos que habían identificado a nuestros asaltantes gracias al GPS que llevaba uno de los iPhones que nos robaron. Querían que fuéramos a la comisaría a identificar a los sujetos que habían arrestado. Al igual que todos los demás (bueno, excepto Fernanda, que se convirtió en mi heroína ese día) me había quedado tan traumatizada que me daba todo igual, solo quería seguir con mi vida. Como no deseábamos presentar cargos, la policía dejó que los hombres se fueran.

Afortunadamente, el resto del viaje fue mucho menos accidentado... bueno, no lo bastante, pero entraré en detalle sobre todo ello en el próximo capítulo. Cuando por fin abandonamos Fortaleza, todos hablábamos del viaje y de lo que habíamos aprendido sobre los ladrones. Aunque nadie me lo dijo en ese momento, me enteré de que la policía pensaba que habíamos tenido mucha suerte de seguir vivos. ¡Al parecer, la banda que nos había asaltado era conocida por matar a sus víctimas! No me extraña que mi cuñada, Teena, esperara a que estuviéramos en el avión de vuelta a casa para contármelo, porque probablemente no habría querido quedarme de haberlo sabido antes. Bueno, tal vez sí me habría quedado, pero no me hubiera resultado fácil.

Sin embargo, Dios nos protegió. Nos mantuvo sanos y salvos en la palma de su mano. Da igual la circunstancia, Dios es grande, el más grande, y siempre se asegurará de que lleguemos sanos y salvos a casa. ¡Gracias, Jesús!

TRANSFORMA LOS MOMENTOS ROJOS EN TRIUNFOS VERDES

PROFUNDIZA

¿Alguna vez has tenido que afrontar una situación peligrosa en la que temieras que pudiera ocurrirte algo malo? ¿Cómo lidiaste con tus miedos en esa ocasión? ¿Cómo experimentaste la presencia de Dios en aquella terrible circunstancia? ¿Quién te traicionó y ahora necesitas perdonarlo? ¿Qué tienes que hacer para poder seguir con tu vida después de la traición? ¿Estás dispuesto a invitar a Dios a entrar en el dolor de la herida que te han causado en la vida?

AVANZA

Dios:

Estoy seguro de que me has protegido muchas veces sin que yo fuera consciente del peligro que me rodeaba. Te doy las gracias por ello, como también por los momentos en que me sentí aterrado por el horror de la situación y las elecciones de otras personas.

Cuando los demás me traicionan o me manipulan, buscan venganza o intentan quitarme lo que es mío, permite que los perdone, deja que les muestre la misma misericordia que tú me muestras a mí a diario.

Mientras sigo creciendo en mi fe y acercándome cada vez más a ti, dame tu fuerza y tu poder para hacerles frente a mis miedos, vengan de donde vengan. Recuérdame tu amorosa protección y resguárdame en tus brazos, Señor.

En el nombre de Jesús, amén.

CAPÍTULO 9

LANZAR UN SALVAVIDAS

REDEFINIR EL ROJO CUANDO SOMOS VALIENTES

No le pidas a Dios que te dé una carga
apta para tus hombros; pídele unos
hombros aptos para soportar tus cargas.
—Phillips Brooks

Lo creas o no, visitamos otro barrio peligroso durante nuestra estancia en Fortaleza, Brasil. Después de que nos atracaran apuntándonos con un subfusil Uzi, todavía visité otra zona poco segura, pero no tuve miedo. Una locura, ¿verdad? ¿Por qué querría yo regresar a un barrio terrible y violento después de que nuestro grupo había sido atracado a punta de pistola dos días antes?

La única respuesta que se me ocurre es que lo hice por los niños. Y por Dios, claro está. Él es siempre la fuente de la verdadera valentía, la fuerza y el coraje necesarios para andar guiados por la fe en vez de por el miedo. Pese a la dramática situación que habíamos vivido días antes, me sentí totalmente relajada y segura el resto del viaje. Dios se muestra de las maneras más asombrosas, como siempre, de forma que cuando nuestros anfitriones nos preguntaron si queríamos visitar una casa segura del gobierno en la favela, no vacilamos.

Mi cuñada, Teena, nuestra amiga, Jodi, y yo comprendimos entonces que la cantidad de huérfanos y adolescentes fugados que había en la ciudad era inmensa, casi imposible de calcular. Y muchos de ellos, por supuesto, se criaban en las favelas. De hecho, nos contaron que no era inusual que algunos padres *vendieran* a sus hijos para poder saldar deudas. ¡Sí, has leído bien! Nadie se horroriza ni llama a los servicios sociales. Se lo toman diciendo: «Es una pena. Qué mala suerte».

Imagina que estás hablando con una vecina y le preguntas: «¿Qué tal está tu hija Becky?» y que la mujer te diga: «Pues no sé. Tuve que venderla para pagar las facturas de este mes». Por favor, perdóname si esta conversación te ha parecido demasiado superficial, pero yo no pude entender —y sigo sin poder hacerlo—cómo algo así tan siquiera se acerca a lo normal.

En la favela también se abandonan los niños no deseados. Nos contaron que dejaron a un bebé en una caja de zapatos en un solar vacío en una de las peores zonas de Fortaleza. Alguien lo encontró y se lo llevó a casa, donde lo criaron y lo prostituyeron en cuanto empezó a caminar. Horroroso pero cierto.

Los líderes del gobierno desconocen el número de gente que vive en las favelas, ya que no pueden entrar en ellas para censarlas. Ellos cuentan con una cifra aproximada, por lo que cuando alguien desaparece, no se llevan a cabo búsquedas ni se interroga a sospechoso alguno, pues la mayoría de las veces no hay datos de que la persona tan siquiera exista.

Esta casa segura se suponía que servía para algo, pero no tardamos en darnos cuenta de que probablemente no hacía más que empeorar las cosas.

UN DIAMANTE EN LA OSCURIDAD

Esta casa segura se suponía que era solo para miembros del sexo femenino que habían huido de sus casas o habían sido abandonadas por sus familias. Sin embargo, la persona que dirigía la casa, una mujer mayor de la favela, nunca estaba allí. En su lugar, los encargados de supervisar a aquellas niñas, adolescentes y jóvenes era un grupo de hombres adultos con muy mala apariencia que vigilaban por turnos de veinticuatro horas. Y si la imagen que ha venido a tu mente es la del zorro vigilando el gallinero, tienes absolutamente la razón.

Además de la encargada ausente, se suponía que en la casa había otras dos «matronas» a quienes les correspondía enseñarles a las chicas a cocinar y limpiar para poder aprender un oficio. Sin embargo, como aquellos predadores andaban al acecho, las dos mujeres se quedaban encerradas en sus habitaciones respectivas, una en la cocina y la otra en la sala del material de oficina.

Esas mujeres estaban allí para enseñar, guiar y ejercer una influencia positiva en las chicas, pero temían que si lo hacían pudieran violarlas o venderlas. Si trataban de resistirse o cambiar el sistema, probablemente incitarían a la violencia y podrían matarlas junto con las chicas que tenían a su cargo. No obstante, este era el lugar donde tenían que *vivir* aquellas chicas.

Se trataba de una situación horrible en todos los sentidos.

Cuando les preguntamos a nuestros anfitriones cómo podíamos ayudar a cambiar aquel lugar, nos dijeron que el hecho de habernos atrevido a ir hasta allí tenía un gran impacto. Estábamos mostrándoles tanto a las chicas como a la gente que miraba que a los seguidores de Jesús no nos daba miedo ir a lugares oscuros e iluminarlos con la luz del amor de Dios.

Y nada más llegar a la puerta de entrada, supe sin lugar a dudas que aquel lugar era uno muy oscuro. Me volví hacia las demás mujeres del grupo y dije: «Aquí ocurren cosas muy malas. Siento un peso en el alma antes de entrar siquiera».

Nos sentamos a esperar casi diez minutos a que abrieran la puerta, haciéndonos todo tipo de preguntas, orando y anticipando con temor lo que nos aguardaba del otro lado.

Mientras esperábamos, una docena de chicas empezó a rodear nuestro auto. Había desde niñas de primaria hasta adolescentes, las cuales no sonreían ni hablaban, tan solo nos estudiaban y se preguntaban qué hacíamos allí. Entendía que les costara confiar en los desconocidos, pero me dolía pensar que aquellas criaturas preciosas no pudieran volver a confiar en nadie más en su vida.

Mis presentimientos acerca del lugar terminaron de confirmarse cuando salimos del auto y entramos en la casa. Era desoladora. Costaba creer que aquello fuera una institución del gobierno para ofrecer esperanza y sanidad. El suelo de tierra compactada estaba totalmente desnudo. El patio se encontraba cubierto de papeles y restos de basura.

Temblando pese al calor, sentí como si nos estuviéramos adentrando en una de las prisiones más oscuras. ¿«Abandonen toda esperanza quienes entran aquí» eran las palabras inscritas en las puertas del infierno según Dante? Se suponía que aquel era un lugar para la esperanza, pero no lo parecía. Estaba agradecida de que nuestro equipo estuviera allí con la fuente de toda esperanza, nuestro Señor

Jesucristo, para que brillara como un diamante resplandeciente en aquella opresiva oscuridad.

Aunque por dentro la casa estaba limpia e inmaculada, era un lugar clínico e institucional. Las colchas y almohadas de colores evidenciaban un claro intento de alegrar las habitaciones. Cada chica disponía de un cubículo con su propia taquilla. Me di cuenta de que en cada espacio había algo personal y valioso para cada chica. Un álbum de pegatinas, una foto de un miembro de la familia o un ser querido, animales de peluche o cualquier otro recuerdo de la infancia.

Las únicas ventanas estaban situadas en la parte superior, cerca del techo, y casi no entraba luz por ellas. A medida que nos adentrábamos en las sombras, las chicas mantenían la distancia a pesar de que nuestros anfitriones intentaban explicarles que estábamos allí para ellas. No apareció nadie a fin de enseñarnos las instalaciones, así que seguimos avanzando por los pasillos, observándolo todo.

Al final entramos en una habitación en la que había varios hombres sentados cuchicheando entre ellos, los cuales se nos quedaron mirando al vernos. Nuestros anfitriones intentaron explicar una vez más quiénes éramos y el propósito de nuestra visita. Entonces uno de los hombres se levantó y empezó a seguirnos, acompañado por otros dos. Estaba claro que no querían que estuviéramos solos con las chicas, supongo que por lo que pudieran contarnos. No querían que saliera a la luz lo que estaban haciendo allí, de modo que se aseguraron de andar merodeando para intimidar a las chicas y vigilarnos al mismo tiempo.

Mientras continuaban siguiéndonos, uno de ellos me dio mucho miedo. Se me pusieron los pelos de punta al pensar que este hombre parecía el mismísimo diablo, y el ambiente a su alrededor se sentía oscuro y opresivo, como si un manto oscuro flotara sobre su cabeza.

—¿Qué te ocurre con ese tipo? ¿Estás bien? —me preguntó mi amiga Jodi al notar mi incomodidad.

—No lo sé —le susurré yo—. No puedo soportar que esté tan cerca. Me incomoda.

Más tarde, uno de nuestros anfitriones nos dijo que el hombre en cuestión era un conocido adorador del diablo. No era de extrañar que me hubiera causado esa sensación. Cuando la luz y la oscuridad chocan, se produce siempre una fricción, como si se estuviera gestando una tormenta. Me puse a orar por aquel lugar y aquellas chicas, y creo que no he dejado de hacerlo desde entonces.

Poco a poco, las chicas empezaron a hablar tímidamente, y nuestros anfitriones traducían sus preguntas. Mientras conversábamos con ellas, supimos que algunas habían asistido a charlas divulgativas organizadas por nuestros anfitriones cerca del lugar. Muchas de ellas habían recibido tratamientos para distintas dolencias allí, incluida una niña con cáncer en el cerebro. Otra, que según supimos tenía esquizofrenia, parecía sentir curiosidad por nosotros, así que nos sentamos y nos pusimos a orar con ella.

Una vez que terminamos de orar y nos levantamos, la chica dijo algo en portugués que nos rompió el alma cuando nos lo tradujeron: «¿Pero entonces se van? Claro que sí».

En sus ojos húmedos por las lágrimas se leía claramente la desesperación resignada de sus palabras. Parecían decir: «Ustedes actúan como si les importáramos, ¿pero de verdad es así? Muchas personas vienen por aquí, pero las cosas no cambian. Siempre serán de esta manera».

Nos sentimos tan conmovidos por la súplica implícita que volvimos a sentarnos y nos pusimos a hablar con ella ayudados por nuestro traductor. Una cosa llevó a la otra, ¡y casi media hora después esta pequeña niña oraba para recibir a Jesús en su corazón! Nos aseguramos de que entendiera que era posible que otras personas pasaran por allí y la decepcionaran en la vida, pero Jesús siempre estaría ahí para ella. Aún pienso en la transformación que se hizo en su rostro, que pasó de tener una expresión seria y tensa a regalarnos una amplia sonrisa. La clase de cambio que se produce únicamente cuando se experimenta el amor de Dios.

UNA OVEJA DESCARRIADA

Más adelante conocimos a otra chica, de unos quince años, con el pelo corto de color naranja. Cuando hablamos con ella nos enteramos de que la mayoría de las chicas podían regresar a casa —si la tenían— durante el fin de semana. Ella acababa de regresar, aunque realmente no podía decirse que tuviera un hogar, ya que su padre estaba en la cárcel y su madre había desaparecido. Así que había aprovechado el fin de semana para conseguir clientes y ganar dinero. *Era lo que llevaba haciendo toda la vida.*

—Pero puedes hacer otra cosa —le dije yo—. No tienes que seguir viviendo así.

Ella nos miró sonriendo y nuestro intérprete nos tradujo su respuesta:

—No voy a vivir así siempre. ¡Tengo un sueño! Algún día seré una poderosa traficante y dejaré de trabajar en las calles. ¡Abandonaré la favela y les cobraré a los hombres un montón de dinero por estar conmigo en hoteles de lujo!

Cuando ya creía que mi corazón no podía estar más triste, esta chica nos dijo que el sueño de su vida era traficar con drogas y convertirse en una prostituta de lujo. Aunque sentía mucho dolor por ella, no la juzgaba y entendía sus argumentos. No tenía familia ni educación, ¿qué otra cosa podía hacer?

—¿Por qué han venido a este sitio? —nos preguntó entonces—. ¿Qué hacen aquí?

—¿Que por qué hemos venido a Fortaleza? —pregunté yo.

—No —contestó ella, negando con la cabeza y apuntando con su dedo hacia abajo—, me refiero a *este* sitio.

No entendía que alguien pudiera querer ir de visita a un lugar como aquel. Y aunque estaba claro por qué la mayoría de la gente no querría aventurarse a entrar en aquella casa en mitad de un barrio como ese, yo también sabía que su reticencia solo hacía que la necesidad de las chicas que vivían allí fuera aún mayor.

—Venimos desde Omaha, Nebraska, en Estados Unidos —le expliqué—. Salí de mi casa para venir aquí y decirte que alguien te ama y cree que eres importante. ¡Eres una persona muy valiosa! Hay esperanza para ti, te aguarda un destino y un futuro.

—¿Has venido hasta aquí solo por mí? —preguntó, sacudiendo la cabeza y echándose a llorar.

—Sí, a eso he venido.

Y lo decía en serio. Si había hecho el viaje hasta Brasil por nadie en específico, si había sobrevivido a un atraco a mano armada por ninguna otra razón, en ese momento supe que estaba allí por ella. Mientras continuábamos con la visita, aquella jovencita me tomó de la mano y no se despegó de mí en todo el tiempo. Cuando nos cruzábamos con otras chicas, les decía: «¡Ella es mi amiga! ¡Es mi nueva amiga!».

En el momento en que entendí lo que decía, la interrumpí y dije: «¡No, no, ella es *mi* nueva amiga! ¡Es mi amiga!». La chica sonrió, y por supuesto me hizo sonreír a mí también.

Aun sabiendo todo lo que sé sobre Fortaleza, estoy más que dispuesta a regresar. De hecho, fui no hace mucho. Continuaré llevando luz a la oscuridad a través del valiente amor del Espíritu de Dios, porque sé que incluso en las situaciones más negativas y devastadoras, Dios está presente. Como el buen pastor que deja las noventa y nueve ovejas de su rebaño para ir a buscar a la oveja descarriada, él nunca nos dará por perdidos.

LA CIMA DEL CAOS

La visita a aquella casa «segura» en el peor barrio de Fortaleza me recordó la historia que cuenta la Biblia sobre otra joven, una chica que se parecía mucho a las que vivían en aquella casa que vendían sus cuerpos para sobrevivir. Conocida como Rajab, la prostituta, se encontró en una situación que no solo requería fuerza y coraje, sino también valentía. Para poder salvarse a sí misma y a su familia, precisó dar un tremendo salto de fe. Rajab tuvo que confiar en unos desconocidos a los que no había visto en su vida y, lo que es más importante, tuvo que confiarle a Dios todo lo que tenía: su corazón, su vida, sus seres queridos. Sin embargo, lo que recibió a cambio de su valentía fue mucho más de lo que jamás podría haber imaginado.

La historia de Rajab tuvo lugar en un momento de caos absoluto, cuando los israelitas, después de cuarenta años vagando por el desierto, llegaron por fin a la tierra prometida conducidos por Josué tras el fallecimiento de Moisés (ver la historia completa en Josué 1). Primera parada: la ciudad amurallada de Jericó, donde vive Rajab. Siguiendo las indicaciones de Dios, Josué envía en secreto a dos espías a la ciudad para que estudien el terreno.

Los dos hombres, que resultarían muertos si los descubrían, buscan refugio en casa de Rajab. Ella los invita a entrar y los esconde debajo de unos manojos de lino que estaba secando en el tejado y le miente al mensajero del rey, quien llega preguntando porque se ha corrido la voz de un ataque inminente. «¡Se fueron por allí!», dijo, señalando hacia las puertas de la ciudad.

Pensemos en esto un momento. Una cosa es dar cobijo a unos espías desconocidos en tu casa y otra muy distinta mentirle en la cara sobre esto a tu líder. ¡Se necesitan muchas agallas para hacer algo así! Para mentir de un modo tan impresionante, Rajab tenía que ser muy desconfiada y desleal por naturaleza, o estaba dispuesta a confiar en algo o alguien más importante que su acto de traición.

No podemos saber qué pasó por la mente de Rajab, pero sospecho que Dios llevaba ya tiempo llamando a la puerta de su corazón, mucho antes de que llegaran los espías a su casa. Es posible que enviara a otros para sembrar la semilla antes de que la cosecha tuviera lugar en aquel momento de elecciones audaces y decisiones peligrosas. Porque en vez de cerrarles la puerta a aquellos espías extranjeros y al peligro que llevaban consigo, los acogió y les proporcionó un escondite. Es posible que Dios la llevara a aceptarlo en su corazón —está claro que él puede obrar esa clase de transformación milagrosa— pero por experiencia propia, la valentía suele salir a la superficie tras un pasado de obediencia y fidelidad.

¿Alguna vez has tenido que enfrentarte a una situación parecida a la de Rajab cuando te sentías entre la espada y la pared? Tal vez la llamada a tu puerta tuviera el aspecto de un diagnóstico médico grave o una puñalada por la espalda de parte de tu jefe. O es posible también que tuvieras que establecer límites fuertes para un ser querido que es presa de una adicción o un miembro de la familia que es abusivo. No importa la forma, todos nos enfrentamos a dilemas cuando nos sentimos atrapados.

Lo que significa que solo podemos hacer una cosa: seguir a Dios.

CUANDO UN CORDÓN ROJO
SIGNIFICA ADELANTE

A veces lo que parece una situación peligrosa podría ser en realidad la manera elegida por Dios para ofrecernos su misericordia. Es posible que aquellas chicas que oraban para aceptar a Jesús en aquella deprimente casa segura en la favela no hubieran llegado a conocerlo si no se hubieran encontrado en ese horrible lugar en aquel momento justo designado por Dios. Está claro que Dios habría seguido buscándolas e intentando ser parte de sus vidas de otra forma, pero lo importante aquí es que en la situación más negra que podamos imaginar, la luz de Dios fue un faro luminoso de amor y esperanza para aquellas chicas.

Así como Rajab oyó que llamaban a su puerta, nosotros también debemos seguir al Señor y confiar en sus indicaciones, aunque desafíen a la lógica y la lealtad. Siguiendo el ejemplo de Rajab, mirar de frente al peligro y la oscuridad provee un camino de salida. Eso no significa que no sintamos miedo, preocupación o nerviosismo. Me pregunto si Rajab anticiparía la audaz decisión que tomó mientras abría la puerta y realizaba una actuación digna de un Óscar. Porque justo después de mentirles a los hombres del rey, subió al tejado a hablar con los dos espías a los que acababa de salvar. Veámoslo.

Antes de que los espías se acostaran, Rajab subió al techo y les dijo:
—Yo sé que el Señor les ha dado esta tierra, y por eso estamos aterrorizados; todos los habitantes del país están muertos de miedo ante ustedes [...]

Por lo tanto, les pido ahora mismo que juren en el nombre del Señor que serán bondadosos con mi familia, como yo lo he sido con ustedes. Quiero que me den como garantía una señal de que perdonarán la vida de mis padres, de mis hermanos y de todos los que viven con ellos. ¡Juren que nos salvarán de la muerte!

—¡Juramos por nuestra vida que la de ustedes no correrá peligro! —contestaron ellos—. Si no nos delatas, seremos bondadosos contigo y cumpliremos nuestra promesa cuando el Señor nos entregue este país. (Josué 2.8, 9, 12-14)

Aquí vemos que Rajab no solo demostró valentía, sino también inteligencia. Había oído hablar sobre lo que el Dios de los israelitas había hecho por ellos, separando las aguas del mar Rojo para permitirles huir de Egipto, sustentándolos durante años, y dándoles poder para conquistar a las formidables tribus de la zona. Casi puedo ver girar los engranajes de su cerebro mientras cerraba el negocio divino con los espías. Es evidente que Rajab creía los rumores sobre los asombrosos logros del Dios de estos hombres; y si no los creía por completo aún, desde luego sentía curiosidad y estaba dispuesta a arriesgar su vida y la seguridad de su familia por ello. Es posible que Rajab tuviera alma de jugadora, pero la apuesta era de todo o nada.

Como estaban en deuda con ella por haberlos ocultado, y puede que impresionados también por su valentía en medio de una situación tan delicada, los espías aceptaron el trato. Le dijeron que regresarían en tres días con el ejército hebreo para destruir las murallas de la ciudad y reclamar lo que era suyo. Con el objetivo de garantizar su seguridad, le ordenaron que colgara un cordón rojo de la ventana para que los soldados supieran que no debía ocurrirle nada a su familia ni a ella cuando comenzara la batalla.

La conquista de Jericó ocurrió tal como dijeron los espías. (La historia completa está en Josué 6.) Rajab obedeció las instrucciones, colgó el cordón rojo en la ventana, y su familia y ella se salvaron. ¡En realidad, fueron los únicos en salvarse! En su caso, el rojo significó *literalmente* adelante. Y su historia no solo tuvo un final feliz, sino también un impacto de dimensiones épicas en la fe cristiana. Rajab no solo se comportó como una Mujer Maravilla del mundo antiguo, ¡además se convirtió en ascendiente directo del propio Jesucristo!

Y es que Rajab fue la madre de Booz (que se casó con un viuda que podrás recordar llamada Rut), y Booz a su vez engendró a Obed, que a su vez engendró a Isaí, que fue el padre de David, el niño pastor ungido por Dios para ser rey. De David descienden Salomón, cuyo hijo Roboán engendró a Abías, que pasó la antorcha genealógica a Josafat, y así tenemos varias generaciones más hasta que llegamos a un carpintero de Nazaret llamado José, el esposo de María y padre terrenal del único hijo de Dios, ¡Jesús!

Sí, el hecho de que el Salvador del mundo, el Mesías, sea descendiente directo de una mujer conocida por ser una prostituta en Jericó se consideró un escándalo. ¡Sin embargo, es innegable! A Rajab no solo la incluyen en la genealogía de Jesucristo en Mateo 1.5, sino que también aparece en el «Salón de la Fama» según vemos en Hebreos 11.31: «Por la fe la prostituta Rajab no murió junto con los desobedientes, pues había recibido en paz a los espías». Es posible que para tí o para mí no hubiera sido una elección lógica y digna, pero resulta evidente que Dios no pensó lo mismo.

Rajab sigue siendo una heroína de la fe para todos aquellos que hemos tomado malas decisiones en el pasado o nos hemos visto obligados a superar circunstancias desesperadas. No puedo imaginar siquiera lo que habrán tenido que soportar aquellas chicas de la casa segura de Fortaleza. No obstante, independientemente de las situaciones que enfrentemos o las malas decisiones que hayamos tomado, la historia de Rajab nos recuerda que todos tenemos elección por difícil que nos parezcan en el momento. Si estamos dispuestos a buscar la dirección de Dios y seguirlo con valentía y obedecer su Palabra, hallaremos la misma liberación que ella.

Rajab se vio inmersa en una situación de la que pensaba que no podría escapar, pero confió en la voz del Señor y actuó en contra de lo que parecía lógico o racional. Y a juzgar por su fidelidad, está claro que Dios tenía grandes planes para ella y quería que entrara a lo grande en su reino. Él la eligió de entre todas las reinas y princesas, así como también de entre incontables mujeres de fe. ¡Dios eligió a Rajab la prostituta para que se convirtiera en antepasada de su único Hijo!

Aunque no podamos verlo, aunque las circunstancias nos impidan percibirlo o hagan que parezca poco o nada probable, Dios siempre tiene un plan para nosotros. Aunque nos asalten las dudas y nos preguntemos por qué tenemos que hacerles frente a determinadas situaciones en la vida, no debemos olvidar que Dios puede redimirnos de cualquier cosa y transformarlo en algo bueno para nosotros. «Ahora bien, sabemos que Dios dispone todas las cosas para el bien de quienes lo aman, los que han sido llamados de acuerdo con su propósito» (Romanos 8.28).

Por difícil que pueda resultarnos entender una cultura en la que las niñas se compran y se venden, debemos confiar en que Dios puede liberarlas y lo hará, así como liberará a todos los que están presos de las fuerzas de la oscuridad de este mundo. Y a nosotros se nos da la oportunidad de ayudar en este proceso mientras permitimos que nuestra luz brille. Igual que Jesús derramó su sangre en la cruz para salvarnos a todos, ahora nosotros podemos tender cordones rojos en nuestra vida que sirvan como una línea salvavidas de la gracia. Recordar lo que hizo Dios para rescatarnos y darnos una nueva vida es una fuente de amor valiente sin igual.

AUDACES Y AMADOS

Reflexionar sobre cómo Dios nos fortalece para amar con valentía y audacia me recuerda un momento de mi vida en el que esperaba que Dios hiciera un milagro. Mi abuelo materno, que no era cristiano que nosotros supiéramos, estaba en una residencia de ancianos y sus médicos dijeron que su muerte era inminente. Mi madre había viajado hasta Phoenix para estar con él en sus últimos momentos. Una mañana en particular, ella me llamó y me contó que las enfermeras no creían que le quedara mucho tiempo de vida. La noticia me impactó tremendamente, ya que Dios acababa de decirme que tenía que ir y darle a mi abuelo la oportunidad de aceptar al Señor como su Salvador.

Aunque estaba contenta por la oportunidad que se me brindaba, también sentía que era un encargo divino de Dios. Así que le dije a mi madre que iba para allá y al día siguiente aterricé en Phoenix. Las sofocantes temperaturas me recordaron el calor que puede llegar a hacer en el desierto. No obstante, nada me impediría llevar a cabo mi misión. El Señor me había encargado una tarea muy importante y tenía a todos los guerreros de nuestra iglesia orando para ayudarme. Sabía que algo asombroso estaba a punto de suceder.

Sin embargo, cuando llegué me contaron que mi abuelo tenía pocos momentos de lucidez, y por supuesto era necesario que estuviera en posesión de sus plenas facultades para entender la conversación sobre la salvación que confiaba que pudiéramos mantener. Las horas fueron transformándose en días y yo oraba sin cesar pidiendo que se me permitiera un poco de tiempo para llegar a su corazón. No podía ser que hubiera ido hasta allí en vano.

Solo me quedaban dos días más antes de que tuviera que volver a casa. Oraba y oraba pidiéndole a Dios que me diera una oportunidad para que mi abuelo pudiera comprender quién era Dios de verdad. Al cuarto día, la oportunidad se dio. Nos avisaron de que estaba despierto, consciente y lúcido. Mis dos hermanas, mi madre y yo fuimos corriendo al hospital. ¡Y allí estaba, esperando, sonriente y consciente por completo de quienes éramos!

Nos pasamos media hora recordando viejas historias familiares y riéndonos. De repente, se nos paró el corazón cuando mi abuelo miró a mi madre, su hija mayor, y dijo: «¿Y tú quién eres?». Todas nos miramos con asombro mientras su enfermedad se manifestaba ante nuestros ojos. Mi madre nos sacó de la habitación rápidamente, porque no quería que lo recordáramos así.

Las enfermeras entraron a toda prisa, y en ese instante el Señor me dijo que tenía que hablar sobre él y orar con mi abuelo. Yo sabía que era el momento más inoportuno, por supuesto, ya que ni el personal médico ni mi madre me dejarían entrar de nuevo. Sin embargo, yo sabía que tal vez fuera mi única oportunidad, así que me acerqué a mi madre y le susurré: «Tengo que orar con el abuelo». Mi madre me miró y vio que no se trataba de una pregunta, sino de una afirmación. Ella se lo dijo a la enfermera jefe, que le contestó que iban a tratar de calmarlo y que me avisaría si podía volver a entrar.

En aquel momento supe que se estaba librando una batalla en el reino de lo sobrenatural por la eternidad de mi abuelo. Era perfectamente consciente de que tal vez fuera la última posibilidad de mi abuelo para encontrarse con el Rey del Universo, su Creador, y aceptarlo en su corazón. Empecé a pasear de un lado a otro del pasillo, pidiéndole a Dios que le diera a mi abuelo un momento de lucidez, aunque solo fuera un minuto. Mientras oraba, una enfermera asomó la cabeza y dijo: «Puede pasar».

Cuando entré, la enfermera tuvo que salir a hacer algo. Sonreí al ver cómo Dios me allanaba el camino para poder hablar sobre él tranquilamente con mi abuelo. Me acerqué a la cama y empecé a orar, expectante. El hombre que yo recordaba alto, fuerte y musculoso yacía en la cama frágil y pequeño. Su cuerpo delgado parecía exhausto. Le toqué suavemente el brazo y le dije:

—Hola, abuelo, soy yo, Elictia.

No aparté la mano.

—Sé quién eres, cariño —dijo él, sonriendo y abrió los ojos.

¡Era un milagro! No podía creer que la respuesta a mis plegarias estuviera allí delante de mis ojos. Estaba gritando de alegría en mi interior, porque en aquel preciso instante supe que el abuelo que yo recordaba estaba allí acostado. Se encontraba lúcido y consciente de todo.

Aproveché el momento. La Biblia dice, sencillamente, que si crees en tu corazón que Jesús es el Salvador resucitado y confiesas con tu boca que crees en él para que perdone tus pecados, serás salvo. Con esa idea en mente, mi intención era que mi abuelo dijera una oración de salvación, pero no quería que se limitara a repetir mis palabras, sino que necesitaba que creyera en ellas, que las pronunciara voluntariamente.

Está bien, Dios, oré en silencio. *Sé que me has traído hasta aquí para esto. Así que ahora dejaré que hagas el resto.* Y justo en ese momento sentí que el Señor me instaba a que empezara a orar, así que lo hice.

—Padre, en el nombre de Jesús...

—Santificado sea tu nombre —dijo mi abuelo.

¡Sentí que se había producido un milagro! Mi intención no era rezar el Padre Nuestro con mi abuelo, pero sentí que debía seguir su ejemplo y repetí:

—Santificado sea tu nombre.

—Venga a nosotros tu reino, hágase tu voluntad —continuó él y yo lo repetí.

Rezamos la oración completa, con mi voz haciéndose eco de la suya. Entonces le dije:

—Está bien, abuelo, ahora voy a orar, y *solo* si crees en lo que digo, quiero que repitas mis palabras. Pero solo si de verdad lo crees, ¿de acuerdo?

—Sí, sí, lo entiendo, cariño, solo si estoy de acuerdo contigo —dijo él.

A continuación pronuncié una sencilla oración de salvación.

—Creo en mi corazón y confieso con mi boca que Dios envió a su Hijo, Jesús, a morir en la cruz por nuestros pecados, y que al tercer día resucitó de entre los muertos, de manera que todo aquel que crea en él jamás perecerá, porque disfrutará de vida eterna.

Mi abuelo repitió la oración entera.

—En el nombre de Jesús, amén —terminé.

Él asintió y dijo:

—En el nombre de Jesús, amén.

Y lo repitió.

—En el nombre de Jesús, amén.

Sonreí y él también sonrió, y los dos nos deleitamos con el placer de lo que acababa de suceder. Entonces mi abuelo me miró y me dijo:

—¿Y tú quién eres?

—Solo soy alguien que volverá a verte cuando estés en el cielo —contesté yo con los ojos llenos de lágrimas—. Te quiero, abuelo. Hasta pronto, señor.

Y le acaricié el brazo antes de dirigirme hacia la puerta de la habitación susurrando para mí: «¡Aleluya!».

Sigo totalmente convencida de que el Señor propició una oportunidad y permitió que mi abuelo estuviera lúcido el tiempo justo para establecer dónde quería pasar la eternidad. ¡Estaba loca de contento! Lo único que había esperado era que mi abuelo aceptara al Señor como su Salvador, y al otro lado de mis expectativas estaba el milagro. Dios me había dado el poder a fin de tener la valentía necesaria para enfrentar aquella oportunidad directamente, y él había honrado su promesa de estar presente.

El abuelo murió poco después. Pero aunque lloraba su pérdida en este mundo terrenal, era capaz de celebrar en mi corazón, porque Dios nos dice que cuando nuestros cuerpos abandonan la tierra, estamos presentes con Cristo y por lo tanto con Dios.

La fuente de nuestra valentía se encuentra en él.

TRANSFORMA LOS MOMENTOS ROJOS EN TRIUNFOS VERDES

PROFUNDIZA

> Por tanto, no nos desanimamos. Al contrario, aunque por fuera nos vamos desgastando, por dentro nos vamos renovando día tras día. Pues los sufrimientos ligeros y efímeros que ahora padecemos producen una gloria eterna que vale muchísimo más que todo sufrimiento. Así que no nos fijamos en lo visible, sino en lo invisible, ya que lo que se ve es pasajero, mientras que lo que no se ve es eterno. (2 Corintios 4.16-18)

¿Cuándo te has visto obligado a tomar una decisión valiente en circunstancias aterradoras? ¿Cómo respondió Dios a tus plegarias y fue a tu encuentro en esos momentos? ¿Cómo usó Dios las consecuencias de tu valentía en las vidas de los demás? ¿Hay alguien con quien necesites hablar hoy mismo, alguien que necesite oír el evangelio y aceptar a Jesús como Señor? Dedica unos minutos a orar y pídele a Dios que te guíe hacia las personas y los lugares en los que quiere utilizarte con valentía para su reino.

AVANZA

Padre:

Te doy las gracias de muchas formas por cómo me llenas de valentía a través de tu Espíritu y tu Palabra.

En muchas ocasiones, los miedos y las dudas, el estrés y la ansiedad debido a las circunstancias me han hecho sentirme preocupado. Pero sé que tú eres la fuente de toda la paz, el consuelo y la alegría, incluso en los momentos más dolorosos, cuando no entiendo lo que haces. En esos momentos, fortalece mi fe para que pueda confiar en ti como hizo Rajab cuando oyó que llamaban a la puerta de su casa.

Ayúdame a no tener miedo de enfrentarme a mis problemas, sino a tener confianza en el tranquilizador conocimiento de tu misericordia, tu soberanía y tu poder. Te amo, Señor.

En el nombre de Jesús, amén.

CAPÍTULO 10

ESTAR EN CASA

REDEFINIR EL ROJO CUANDO NOS SENTIMOS AMADOS

*Dios nos ama a todos y cada uno
como si fuéramos uno solo.*

—SAN AGUSTÍN

A veces, el rojo significa adelante aunque no sepamos con seguridad adónde vamos o lo que encontraremos allí. Esa fue mi experiencia cuando tomé la decisión de cambiar de escenario en mi carrera y enfocarme en las noticias generales en vez de en los deportes profesionales. Estaba más que lista para el cambio.

Mientras mi carrera como periodista de televisión subía como la espuma, empecé a desear más de lo que me proporcionaba. Tal vez fuera porque me iba haciendo mayor y me daba cuenta de que pasarme la década de mis treinta viajando de un lado para otro y cambiando de destino cada dos o tres años consumía toda mi energía. O

165

más probablemente fuera porque, sencillamente, el Señor me estaba preparando para la siguiente etapa de mi vida y el modo en que conocería a mi futuro esposo y padre de mis hijos.

Fuera por lo que fuera, comencé a buscar un trabajo que me permitiera quedarme en Estados Unidos, con un horario regular y más estable. Trabajar para la CNBC en Hong Kong y la ESPN en Singapur había sido una bendición. Había viajado por todo el mundo y visto cómo mi carrera superaba todas las expectativas que hubiera podido tener. Sin embargo, tenía la impresión de que Dios me estaba llevando en una dirección completamente distinta y me di cuenta de que implicaba asentarme y pensar en mi futuro.

Oré que este nuevo plan incluyera a un esposo y una familia, pero no lo sabía con seguridad.

TRASLADO AL MEDIO OESTE

Siempre había esperado casarme algún día con un verdadero hombre de Dios, pero sabía lo exigente que era mi trabajo y los viajes frecuentes lo hacían complicado. Cuando trabajas por todo el mundo, cuesta encontrar al hombre que siempre quisiste conocer. No obstante, yo confiaba en el sentido del tiempo de Dios y sabía que cuando llegara el momento, él pondría al hombre perfecto en mi camino, si es que quería que me casara.

Sin embargo, ese no fue el motivo por el que acepté un puesto en Omaha, Nebraska, como presentadora de un programa matutino para la KETV, la filial que la ABC tenía en esa ciudad. Acepté el trabajo porque estaba preparada para bajar el ritmo y asentarme en una comunidad. Después de haber visto algunas de las ciudades más grandes del mundo y entrevistado a algunas de las personas más glamurosas y exitosas en todas ellas, sabía que prefería algo un poco más estable.

Por divertido que fuera ir a lugares exóticos y mezclarme con atletas profesionales y celebridades, empezaba a estar un poco cansada.

No sabía gran cosa sobre Omaha cuando acepté el trabajo, solo que tenía medio millón de habitantes y un mercado de espectadores de un millón y medio contando con el área metropolitana. Sabía que era la ciudad más grande de Nebraska, situada sobre el río Missouri, y que era la sede de Berkshire Hathaway, la compañía de Warren Buffett, una de las personas más ricas del mundo. Me enteré de que en Omaha radicaba también Creighton, una universidad jesuita privada de gran renombre. Aunque en Omaha no hay equipos profesionales de ningún deporte, sí posee un largo historial de seguidores apasionados, sobre todo de atletas a nivel universitario.

Nada más trasladarme al Medio Oeste pude comprobar la calidez y la hospitalidad de tantos rostros amables y un ritmo más relajado y lento que el de la costa oeste. No tardé en adaptarme a mi nuevo trabajo y disfrutar como copresentadora de *First News*, el programa de noticias matutino de la KETV. Cuando desembalé todas mis cajas y empecé a asentarme en mi nuevo hogar, de inmediato busqué una iglesia.

Por mi experiencia en las mudanzas anteriores, sabía que el proceso podría ser más complicado de lo esperado. De hecho, en ese momento ya había desarrollado un sistema para agilizar el proceso, pues no quería pasarme varios meses visitando iglesias hasta encontrar la comunidad con la que el Señor deseaba que colaborara. En realidad era un sistema bastante simple: después de orar fervientemente y pedirle a Dios que me guiara al lugar en el que me quería, recurrí al listado de iglesias de Omaha en el directorio telefónico. Sí, fue antes de que los iPhones y Google se convirtieran en nuestras principales herramientas de búsqueda.

Confiando plenamente en que el Señor me guiaría, tomé la lista de iglesias por orden alfabético y empecé a llamar a cada una, explicándoles que era nueva en la comunidad y estaba buscando una iglesia a la cual asistir. Te sorprendería lo mucho que puede uno aprender sobre una iglesia con solo hablar con la recepcionista o algún otro miembro del personal que responda al teléfono. No soy quien para juzgar, y menos basándome en una conversación telefónica de cinco minutos, pero aún así confío en mis instintos y en escuchar las directrices del Señor.

La mayoría de las personas que hablaron conmigo en las iglesias a las que llamé me parecieron bastante agradables, incluso visité algunas. En una hablé con una mujer que me preguntó si sabía sobre Eagle's Nest, del cual por ese entonces no había escuchado hablar. Así que unos días más tarde, llamé al Centro de Adoración Eagle's Nest y mantuve una breve charla con una mujer encantadora que me pareció sinceramente emocionada con mi visita. Me describió en qué consistían sus creencias, su estilo de adoración y el sentido general de comunidad cristiana que ella disfrutaba allí. Anoté el horario de los servicios y la dirección, y decidí que asistiría al servicio del miércoles por la noche ese mismo día.

¡No sabía entonces que estaba a punto de conocer mi iglesia y al hombre con el que me casaría!

LLEGADA A EAGLE'S NEST

Cuando entré en el santuario de Eagle's Nest aquella noche, no sabía qué esperar. Había convencido a un amigo del trabajo para que me acompañara y nada más entrar reconoció a una mujer del coro a la que había entrevistado para una noticia la semana anterior. Ella también lo reconoció a él y le dirigió una cálida sonrisa de bienvenida mientras buscábamos sitio para sentarnos.

Aunque por entonces no lo sabía, mi llegada causó bastante revuelo. Tiempo después, comprometida ya con Jim Hart, el pastor senior del centro, me enteré de que muchos de los fieles sabían que Jim y yo íbamos a casarnos... ¡incluso antes de que empezáramos a salir! Matthew Henson, el hijo del pastor administrativo, nos dijo que cuando aparecí en el centro aquel miércoles, se acercó a su madre y le dijo: «¡Ahí está la esposa del pastor!». Otro miembro del personal del centro, la mujer encargada del ministerio de los niños, también recibió un mensaje del Señor sobre el futuro que me aguardaba allí. Ella escuchó a Dios decirle que saliera a buscar a la nueva visitante, porque era una persona muy especial.

Tiempo después también me enteré de que el comportamiento de todas aquellas personas no era el típico en lo que a su pastor se refería. Como la esposa de Jim había muerto seis años antes, su rebaño se mostraba extremadamente protector con él y su reputación. Desconfiaban de cualquier «fanática del ministerio» que buscara ser el centro de atención como esposa del pastor. Además, conocían y amaban a Jim, y lloraban su pérdida con él. Querían proteger su corazón y asegurarse de que nada lo distrajera de la importante labor pastoral que llevaba a cabo en Eagle's Nest.

No obstante, al parecer muchos de ellos sabían que yo era la adecuada para su pastor y estaban deseando poder al fin bajar la guardia. ¡No solo derribaron los muros de protección que habían levantado alrededor de él, sino que nos animaron para que estuviéramos juntos! Es obvio que me gustó el espíritu de la gente de Eagle's Nest y sentí que el Señor estaba presente. Era como estar en casa. A medida que asistía a más de los servicios y eventos que se celebraban allí, y me involucraba más en las actividades del centro, empecé a notar que cuando yo llegaba, el único sitio libre que quedaba era al lado del pastor Hart. Ya fuera una clase para nuevos miembros o una comida en el salón del centro, saltaba a la vista que los demás conspiraban para que Jim y yo nos conociéramos mejor.

Sin embargo, aquello no ayudó realmente. De hecho, era obvio que Jim y yo nos sentíamos incómodos y no sabíamos cómo comportarnos delante del otro. Yo no quería que pudieran considerarme como algún tipo de distracción. Y el pobre Jim, que estaba acostumbrado a la luz pública, no quería que pareciera que quería conquistar a un miembro de su rebaño. A todo esto se unía el hecho de que los dos éramos figuras públicas en nuestras comunidades. Yo aparecía en las pantallas de todo el mundo varias horas cada mañana y Jim era un líder conocido y muy respetado en la ciudad.

Y la verdad sea dicha, aún no había verdadera química entre nosotros. Ni siquiera lo escuché predicar hasta después de varias visitas a la iglesia. Recuerdo que me preguntaba: *¿El pastor principal ya no predica más?* Incluso luego de conocerlo aquel primer miércoles en la noche y de oírlo predicar, no sentía una atracción incontrolable ni intuía que fuera a ser mi futuro esposo. Después de todo, yo no iba al centro para ver al pastor. Él solo me parecía un gran hombre a quien todos respetaban y apreciaban.

Esta incómoda dinámica me llevó a preguntarme incluso si no sería mejor dejar aquella iglesia y probar en otra. Recuerdo que llamé a mi tía, que está casada con un pastor de Seattle, para explicarle la situación.

«Sí, suena todo muy raro», dijo. «Creo que deberías orar en cuanto a tus sentimientos».

Luego de hacer precisamente eso, ocurrió lo último que habría esperado: Jim me pidió que saliera con él.

DE INCÓMODO A MARAVILLOSO

Nada más llegar al salón de la iglesia aquella tarde, me di cuenta de que algo había cambiado. Había tensión en el ambiente. Estaba allí junto a varias docenas de personas para una clase sobre el pacto de membresía dirigida por el pastor Hart.

Puede que solo fuera el hecho de volver a verlo después de lo que había sucedido un par de semanas antes. Otro miembro de la iglesia, el pastor Brian, me había invitado a ir con su esposa y con él a una muestra de coches. Acepté y al llegar al salón de exposiciones descubrí que Brian también había invitado al pastor Hart. Así que allí estábamos otra vez juntos, incómodos, el caso típico del elefante en la habitación.

Después de la case, mientras la gente se ponía los abrigos y charlaba, el pastor se acercó a mí con una expresión de perplejidad en el rostro. Me pregunté qué le ocurriría.

—Bueno... Elictia —comenzó—. ¿Puedo hablar contigo un momento?

—Hola, pastor Hart. Por supuesto —dije yo.

—Bueno... Me alegra mucho que te hayas unido a nuestra iglesia —dijo con torpeza.

Yo sonreí educadamente, preguntándome qué querría decirme en realidad.

—Sí... Bueno, lo diré sin más, porque no tengo la menor idea de lo que estoy haciendo o de cómo debería hacerlo... —me dijo, moviéndose torpemente mientras hablaba, visiblemente incómodo, y mirando por encima del hombro por si alguien lo estuviera oyendo—. Quería pedirte tu número de teléfono. Había pensado que podríamos... Que podría llamarte y salir a tomar algo, ya sabes... No quiero que te sientas obligada o que cambies de iglesia si no quieres. Yo solo había pensado... que no pasaría nada por preguntarte.

Me reí al ver lo nervioso que estaba y le di mi teléfono. En el coche de vuelta a casa aquella noche, recuerdo que me sentí aliviada y deseosa de que la iniciativa del pastor terminara con aquella tensión incómoda de una forma u otra. No quería tener que buscar otra iglesia, y empezaba a intrigarme la idea de saber más cosas sobre el señor Jim Hart.

Me llamó al día siguiente e hicimos planes para salir. Como la cadena me regalaba muchas veces entradas para conciertos, obras de teatro y eventos varios, le sugerí que fuéramos a ver una obra en el Rose Theater ese fin de semana. Él aceptó y decidimos cenar juntos antes de la función. Aunque estaba muy nerviosa por la cita, me tranquilizó de inmediato ver lo relajado que se mostraba Jim cuando nos encontramos. Ya no había tensión en el aire. Éramos tan solo un hombre y una mujer disfrutando de la compañía mutua.

Las cosas empezaron a ir muy deprisa después de aquella primera cita en enero. Era evidente que a los dos nos gustaba la idea de conocernos mejor y sentíamos que era posible que Dios, no solo sus seguidores, realmente podría estar tramando algo. Resultaba muy fácil hablar con Jim y compartíamos la misma pasión por Dios y servir a su reino. Los dos estábamos listos para un cambio en nuestras vidas, dispuestos a ir a donde el Señor quisiera llevarnos.

¡Y resultó que quería que fuéramos juntos al altar! En mayo, cuatro meses después de nuestra primera cita, Jim me pidió que me casara con él y acepté. Todo el mundo estaba encantado, por supuesto. Ya habíamos hablado sobre el tema del matrimonio, y yo sabía que siendo un pastor en su posición como lo era él, teníamos que movernos rápido. No obstante, también quería tiempo para planear la gran boda con la que había soñado desde pequeña. Con ambos factores en mente, fijamos la fecha para octubre y nos embarcamos en una nueva vida como marido y mujer.

¡Ese es el mejor cambio que he hecho en mi vida!

PERDER EL RUMBO

Aunque sabía que había llegado el momento del cambio en mi vida, el hecho no hizo que el traslado a Omaha con las molestias que eso conllevaba fuera más sencillo. Y a pesar de que sabía que amaba a Jim y Dios nos había unido, a veces seguían asaltándome las dudas, como les ocurre a todas las personas que deciden casarse después de llevar solteras mucho tiempo. Los cambios que estaba viviendo eran maravillosos, pero al principio asustaban un poco también.

Nadie disfruta la ansiedad que lleva consigo un gran cambio en la vida. Cambiar lo que nos es conocido por la incertidumbre total resulta difícil, aunque sepamos que es lo correcto y lo que Dios quiere de nosotros.

Como consecuencia, muchas veces nos esforzamos por evitar los cambios y esos incómodos ajustes que todo cambio requiere de nosotros. Un cambio de profesión, perder a un ser querido, volver a estudiar para obtener un título, trasladarnos a otra ciudad, casarnos o tener hijos son cambios muy importantes que nos exigen de forma inherente que nos adaptemos a unas circunstancias nuevas y muy diferentes.

En todas esas transiciones, normalmente nos vemos obligados a confiar en el Señor y su liderazgo. Es posible que no creamos que sea el momento adecuado o no veamos hacia dónde vamos, pero igualmente damos el salto de fe para seguir sus indicaciones. No es fácil y nunca lo será, pero por eso resulta tan vital que permanezcamos cimentados en el amor que Dios siente por nosotros. No importa quiénes seamos en la vida, su amor siempre nos conducirá a casa, a él.

Esto es especialmente importante cuando terminamos en un lugar en el que nunca querríamos estar. Tal vez se trate de una relación abusiva o la lucha por salir de una adicción, una quiebra financiera o la pérdida de nuestro hogar. En estas situaciones sabemos que necesitamos un cambio, pero no siempre sabemos de dónde sacar las fuerzas para arriesgarnos a seguir por otro camino. A veces tenemos que tocar fondo por completo antes de ser capaces de girar en redondo y volver a casa, a los brazos de nuestro Padre.

Así es como descubrió el amor por Dios una joven que conozco. Según recuerdo, su hermana y ella crecieron en una granja en una comunidad rural con unos padres cariñosos y comprometidos con el Señor. Sin embargo, como les ocurre a muchas adolescentes, cuando la hermana pequeña creció, empezó a mostrar signos de rebeldía y quiso abandonar la granja fascinada por las luces y el glamur de la gran ciudad.

Sabiendo que algún día heredaría la valiosa tierra cultivable de la granja junto con su hermana, la chica más joven les dijo a sus padres que se iba y les exigió que le dieran su parte de la herencia. Sorprendido y triste, el padre vio que no habría manera de hacerle cambiar de opinión, así que sacó una gran cantidad de dinero del banco y se lo dio a la que fuera su hijita pequeña. Verla marchar tuvo que romperles el corazón a aquellos padres.

Y, bueno, todos sabemos lo que ocurrió después. La joven llegó a la ciudad y se fue de compras: Saks, Neiman Marcus, Coach, Gucci, Louis Vuitton y todo lo demás. Vestida impecablemente con su ropa cara y sus joyas nuevas, se dedicó a ir de fiesta en fiesta por los clubes de moda. Todo el mundo se fijaba en ella y se quedaban deslumbrados con su belleza, su energía y su clase.

En poco tiempo tuvo más amigos que nunca y los hombres más atractivos la llamaban constantemente por teléfono. Dedicaba todo su tiempo a ir de compras, beber y salir de fiesta, sin acordarse de su familia en la granja ni pensar en su futuro. Tampoco quería oír siquiera de reducir un poco sus gastos, hasta que fue demasiado tarde. Al cabo de unos pocos meses, no le quedaba nada del dinero de su padre.

Incapaz de conseguir trabajo, no le quedó más remedio que empeñar sus joyas y pedirles ayuda a sus amigos. No obstante, sus supuestos amigos de repente habían desaparecido. No respondían a sus llamadas telefónicas ni se comunicaban con ella en las redes sociales. Dejaron de invitarla a las fiestas privadas, y ya no podía permitirse el lujo de ir a los clubes nocturnos en los que antes era la reina. Llegó un momento en que no pudo seguir pagando el alquiler y no tardó en verse en la calle. Sin dinero, desesperada y devastada, la joven empezó a dormir en los bancos del parque o en los albergues para los que no tienen techo. Pedía limosnas en las esquinas de las calles y revolvía en los cubos de la basura en busca de comida.

Un día, estaba desenvolviendo una hamburguesa fría que había encontrado en la basura cuando entró en razón. «¡No puedo creer que me esté comiendo esto!», se dijo. «¡Los animales de la granja de mis padres comen mejor que yo!». Por duro que fuera tragarse el orgullo, decidió volver y pedirle a su padre que le diera trabajo en la granja. Así al menos tendría un lugar en el que vivir y comida sana para comer.

De modo que empezó a ahorrar todas las monedas y billetes de un dólar que la gente le daba hasta que reunió lo suficiente para comprar un billete de autobús. Después de un día de viaje estaba aún más cansada y sucia, y el hecho de que llevara días sin ducharse no ayudaba. Sin embargo, no tenía otra elección, así que echó a andar por el camino de tierra desde la estación de autobuses hasta la granja de su familia.

Y nada más doblar el recodo y empezar a subir el largo camino de entrada a la casa, levantó la vista y vio que alguien se acercaba corriendo. ¡Era su padre! Reía, lloraba y gritaba, y cuando la alcanzó, la estrechó entre sus brazos como si no fuera a soltarla jamás. A salvo en sus brazos, la chica no pudo seguir aguantando las lágrimas y se echó a llorar en el hombro de su padre como cuando era pequeña.

—¡Lo siento mucho, papá! —dijo, atragantándose con el llanto.

—Shhh, no pasa nada, mi niña —le susurró él—. Te daba por muerta, pero has vuelto a casa. ¡Estoy ansioso por celebrarlo!

NO HAY NADA COMO ESTAR EN CASA

Perdóname por tomarme la licencia creativa con respecto a una de las parábolas más conocidas de Jesús, pero a veces ayuda oír una versión renovada de historias muy conocidas. Supongo que la mayoría de nosotros habrá escuchado la parábola del hijo pródigo en Lucas 15, pero el dramático reencuentro que experimentó cuando finalmente regresó a casa siempre me hace llorar.

> Así que emprendió el viaje y se fue a su padre. Todavía estaba lejos cuando su padre lo vio y se compadeció de él; salió corriendo a su encuentro, lo abrazó y lo besó. El joven le dijo: «Papá, he pecado contra el cielo y contra ti. Ya no merezco que se me llame tu hijo». Pero el padre ordenó a sus siervos: «¡Pronto! Traigan la mejor ropa para vestirlo. Pónganle también un anillo en el dedo y sandalias en los pies. Traigan el ternero más gordo y mátenlo para celebrar un banquete. Porque este hijo mío estaba muerto, pero ahora ha vuelto a la vida; se había perdido, pero ya lo hemos encontrado». Así que empezaron a hacer fiesta. (Lucas 15.20-24)

Al igual que mi versión de ficción, la historia habla del amor de un padre cuando sus hijos se descarrían. Jesús contó la historia junto con las parábolas de la oveja perdida y la moneda perdida, intentando hacer que los líderes religiosos judíos que lo criticaban por mezclarse con los pecadores entendieran su punto de vista. «Les digo que así es también en el cielo: habrá más alegría por un solo pecador que se arrepienta que por noventa y nueve justos que no necesitan arrepentirse» (v. 7).

Los líderes religiosos se enfocaban en seguir al pie de la letra las leyes y mostrarse todo lo puritanos que fuera humanamente posible. Sin embargo, Jesús les dejó claro que el verdadero cambio se produce en nuestros corazones cuando confesamos nuestros pecados y le pedimos a Dios que nos perdone. Cuando nos enfrentamos a lo que hemos hecho y pedimos su misericordia humildemente, nuestro Padre nos perdona sin dudar y nos da la bienvenida a casa.

Jesús dejó claro también que el amor del Padre no tiene límites y que siempre nos acogerá en casa sin importar lo que hayamos hecho o lo mal que nos hayamos portado. Hablo con muchas mujeres que se avergüenzan de decisiones pasadas y errores de juventud. Algunas abortaron cuando eran jóvenes, otras tuvieron una aventura o robaron dinero en el trabajo. Algunas han hecho las paces con el pasado, pero llevan consigo un halo de vergüenza debido a la manera en que cotillean sobre las amigas a sus espaldas o compran compulsivamente para mitigar el dolor de corazón.

Sin embargo, no importa lo que hayamos hecho o las batallas que estemos librando. Jesús ganó la guerra de una vez por todas. Dios nos amaba tanto que sacrificó lo más preciado que tenía: su único hijo. Precisamente porque Cristo estuvo dispuesto a morir en la cruz por nuestros pecados, nosotros recibimos el perdón y podemos disfrutar de la ayuda de Dios aquí en la tierra y después en el cielo. No obstante, para poder experimentar la plenitud de su amor y los muchos dones que quiere regalarnos, debemos mostrarnos asequibles y obedientes.

Debemos estar dispuestos a darnos cuenta de que a veces el rojo significa... ir a casa.

LLEVAR LAS (BUENAS) NUEVAS

Unos dos años después de casarnos, Jim y yo fuimos bendecidos con nuestros gemelos. Los dos queríamos tener hijos y se nos partió el corazón en el momento en que perdí mi primer embarazo. Cuando estaba encinta de los gemelos, a veces nos preocupábamos como es natural y buscábamos la paz en el Señor. Mientras más engordaba gracias a las dos pequeñas vidas que crecían dentro de mí, más reducía la carga de trabajo en la cadena. Seguía presentando el programa de la mañana en KETV, pero estaba muy emocionada con la perspectiva de ser madre.

Sabía que cuando nacieran mis hijos tendría que tomar una decisión importante. Parte del problema era mi horario. Como el programa empezaba a las 5:00 a.m. todos los días, tenía que levantarme a las 2:00 a.m. para poder estar en el trabajo a las 3:00 a.m. y prepararme. Esto quería decir que no podría estar en casa cuando los niños se despertaran ni sería capaz de pasar mucho tiempo con ellos, porque normalmente me acostaba a las 5:00 o las 6:00 p.m.

Cuando se cumplieron los siete meses de embarazo, poco antes de que nacieran, estaba dándome un baño caliente un día cuando oí que Dios le hablaba a mi corazón. Me dijo que escribiera lo que me estaba diciendo, así que salí de la bañera de un salto —¡y no es fácil cuando estás embarazada de gemelos!—, agarré la toalla y corrí al dormitorio a buscar lápiz y papel. Me puse a escribir lo que Dios me decía tan rápido como podía. Se trataba de mi futuro y de cómo evolucionaría mi carrera.

Básicamente, lo que Dios me dijo fue que alrededor de un año después de que nacieran mis gemelos dejaría mi trabajo por elección propia. Esto me pilló por sorpresa, y si alguien que no fuera Dios me lo hubiera dicho, no lo hubiera creído. Me gustaba mi trabajo en la televisión, y Jim y yo ya habíamos decidido cómo nos las arreglaríamos cuando llegaran los bebés. ¡Pero no pensaba cuestionar a Dios! Había confiado en él para llegar hasta donde me encontraba, así que sabía que tenía algo en mente para mí, lo que incluía quedarme en casa con mis niños.

Como era de esperar, aproximadamente un año más tarde, cuando Micah y Jemma cumplieron un año, obedecí lo que Dios me había dicho que hiciera y avisé en el trabajo. Aunque me entristecía ponerle fin a mi carrera, al menos de momento, no tenía ninguna duda de que era lo que necesitaba. Tenía la fuerte sensación de que Dios tenía otros planes para mí.

Disfruté mucho durante seis o siete años cuidando a mis hijos, apoyando a Jim y participando en su labor de liderazgo en Eagle's Nest. Entonces sucedió algo sorprendente, ¡y fue en la bañera otra vez! Estaba disfrutando de un inusual oasis de tranquilidad en el agua caliente cuando Dios le habló a mi corazón y me dijo que iba a dar a luz a gemelos otra vez. Confundida, sentí que, al igual que la otra vez, Dios quería que saliera de la bañera y escribiera lo que decía.

Así que salí corriendo al dormitorio con el albornoz, dejando un reguero de agua en el suelo, y me puse a escribir rápidamente a qué se refería Dios con estos dos nuevos «bebés» que iba a tener. En primer lugar, me dijo que combinaría mi experiencia profesional con mi pasión hacia él y lanzaría un programa de televisión ministerial. El segundo «bebé» se refería a algo que el lector seguramente imaginará: ¡escribir este libro!

Y tiene gracia también, porque no tardé en reunir al equipo para llevar a cabo esta nueva producción y mientras lo hacía, sentí la necesidad de llamar a alguien con quien hacía mucho tiempo que no hablaba: ¡Roy Hamilton! Roy y yo habíamos mantenido el contacto a lo largo de los años, pero llevábamos sin hablar desde que empecé a dedicarme a tiempo completo al ministerio. De hecho, estaba marcando su número cuando recordé que las últimas dos veces que lo había llamado le había dejado mensaje y no me había devuelto las llamadas.

Esta vez también le dejé un mensaje: «¡Hola, Roy! Soy Elictia. Me gustaría hablar contigo para saber cómo estás y pedirte consejo sobre un nuevo proyecto que tengo entre manos. Llámame cuando puedas, por favor. Espero que estés bien. Hasta pronto».

Al cabo de cinco minutos, Roy me llamó y tuvimos una agradable charla. Nos pusimos al día sobre nuestra vida y me contó que acababa de jubilarse en la FOX, donde era vicepresidente de talento y desarrollo. Entonces, cuando le dije lo que estaba haciendo y le pregunté si sabía de alguien que quisiera producir mi programa, me dijo:

—¡Yo podría ayudarte!

—Muchísimas gracias, Roy —contesté yo—. Pero no podría permitirme contratar a una persona de tu talla y experiencia. Necesito a alguien que...

—No te preocupes por eso —me interrumpió—. Me encantaría hacer esto y echarte una mano.

Seguimos hablando y no podía creerme lo emocionado que estaba Roy con la idea de producir mi nuevo programa de televisión. Fiel a su palabra, Roy se convirtió en nuestro productor ejecutivo y me brindó su sabiduría y experiencia cuando emprendimos esta nueva aventura. De hecho, nos encontrábamos en Santa Mónica unos meses después, no muy lejos de la oficina en la que tuvimos aquella primera conversación hacía más de quince años. Roy estaba impresionado por el contenido y el mensaje que le daba al público frente a la cámara. ¡Ya no reportaba las noticias, ahora llevaba a los espectadores las buenas nuevas!

Cuando terminamos de rodar en California, Roy me dijo:

—No has cambiado nada. Sigues saliendo fenomenal delante de la cámara y tienes un estilo muy especial de comunicarle al mundo el mensaje del Señor. Supongo que has practicado un poco con los años.

—Gracias, Roy —contesté yo, riéndome—. Lo hago lo mejor que puedo y le dejo el resto a Dios.

Estaba contentísima de tener cerca de nuevo a uno de los mentores más importantes en mi carrera. Y escucharlo decir que estaba orgulloso de todo lo que había hecho y conseguido, e impresionado con mi habilidad para comunicar, significaba mucho para mí.

Una vez más me encontraba frente a un momento rojo cuando Dios entró en escena. Roy había superado con creces cualquier expectativa sobre lo que implicaba ser el productor ejecutivo de mi programa. Hay muy pocas personas capaces de hacer lo que él hace y conseguir un buen programa. Estuve a punto de pellizcarme para comprobar que no era un sueño cuando abandoné California una semana después. Una vez más, supe con certeza que Dios me tenía justo donde tenía que estar. ¡Otra luz roja que se volvía verde!

SI DIOS ESTÁ DE NUESTRA PARTE

Desde la alfombra roja hasta el púlpito, siempre he querido ir a donde Dios quería que fuera, y nunca he mirado atrás. El anhelo de mi corazón es convertir a Dios en alguien famoso. Tal como he contado en estas páginas, Dios ha sido muy bueno conmigo y muy fiel en cuanto a conseguir que me acercara más a él. En todas las circunstancias de mi vida, he tenido la suerte de experimentar su amor de muchas maneras diferentes y maravillosas: a través de Jim, nuestros preciosos hijos, nuestra familia de la iglesia y nuestra familia de sangre, y también de nuestros amigos más cercanos.

Durante la mayor parte de mi carrera como periodista de televisión, trabajé en un mundo dominado por hombres. No obstante, siempre supe que tenía a mi lado al hombre más grande que haya pisado la faz de la tierra. ¡Tenía a Jesús, y sigo teniéndolo! Sus misericordias siguen siendo nuevas cada mañana, y me maravilla que siga colmándome de bendiciones.

Dios se preocupa del mismo modo por ti. Da igual lo que hayas hecho o dejado de hacer, la persona que eras antes o de dónde vengas, él nunca dejará de amarlo y transformarlo a la semejanza de su Hijo. Dios es tan grande y tan amoroso que no podemos alcanzar a comprender hasta qué punto cuida de nosotros. En la Biblia, Dios nos dice: «Porque mis pensamientos no son los de ustedes, ni sus caminos son los míos [...] Mis caminos y mis pensamientos son más altos que los de ustedes; ¡más altos que los cielos sobre la tierra!» (Isaías 55.8, 9). Pablo también nos lo recuerda en su epístola a la iglesia de Roma: «¿Quién ha conocido la mente del Señor, o quién ha sido su consejero?» (Romanos 11.34).

Obviamente, no podemos comprender por completo lo que significa conocer a Dios, ser amado por él y recibir el poder de su Espíritu. Sin embargo, Dios se nos muestra cuando lo buscamos. Aunque desafíe la descripción humana, nuestro Dios es tan grande que él mismo nos brinda imágenes y metáforas que nos permitan conocerlo y saber cómo es su carácter. Él es como el viento y el fuego. Es como la lluvia, como el cordero sacrificado por el sacerdote en el altar. Se nos muestra en la belleza de su creación y en su habilidosa obra en la naturaleza.

¡Dios es único!

Y el poder de su amor en nuestra vida también es incomparable. ¿Estamos dispuestos a dejarlo ser parte de ella? ¿A seguirlo en medio de la incertidumbre, las dudas, los miedos y los errores?

¿Qué harías si confiaras ciegamente en que Dios está contigo? Piensa en ello. ¿Cómo responderías en tus circunstancias actuales, aquí y ahora, si creyeras que Dios está de tu parte?

Con esta seguridad, es posible que en el proceso de seguir la senda de tus sueños y hacer aquello para lo que has sido llamado ganaras confianza en ti mismo. Tal vez actuarías de un modo diferente sabiendo que «si Dios está de nuestra parte, ¿quién puede estar en contra nuestra?». Sabiendo que «somos más que vencedores». Sabiendo que «todo lo puedo en Cristo que me fortalece». Sabiendo que «la batalla es del Señor».

Saber y entender en qué consiste el carácter de Dios permitirá que dependas de él. Comprenderás mejor que no es por medio de tu fuerza o tu poder, sino por el Espíritu de Dios que tendrás éxito en la vida. No hace falta reinventar la rueda o hacerse cargo de las cosas personalmente para progresar. Lo único que necesitas es estar en sintonía con el Espíritu Santo que mora en ti y seguir sus amables indicaciones mientras buscas a Dios y obedeces sus mandamientos.

Mi oración para ti ahora que nuestro viaje concluye es que no olvides nunca el amor infinito de nuestro Dios misericordioso. ¡Él puede hacer lo imposible, mucho más de lo que podrías imaginar o esperar! Así que cuando veas el color rojo, cuando te enfrentes a situaciones que te parecen demasiado difíciles, espero que te acuerdes de redefinirlas a fin de convertirlas en oportunidades para que Dios obre en tu vida. Redefinir el rojo transforma esos momentos de crisis en bendiciones inesperadas.

Ante una señal de peligro o destrucción, crisis o catástrofe, riesgo o presión, redefinir el rojo significa mantener la calma y confiar en que el Padre nos guiará y proveerá todo lo que necesitamos. Él está siempre con nosotros, sin importar cuál sea la situación a la que nos enfrentemos, y redimirá incluso las partes más difíciles y dolorosas de nuestras vidas si se lo permitimos.

¡Que Dios te acompañe en tu viaje!

TRANSFORMA LOS MOMENTOS ROJOS EN TRIUNFOS VERDES

PROFUNDIZA

¿Cómo manejas normalmente los grandes cambios que se producen en tu vida? ¿Cuándo fue la última vez que experimentaste un cambio inesperado? ¿En qué consistió? ¿Tal vez un traslado, una pérdida, un nuevo comienzo? ¿Alguna otra cosa? ¿Cómo se hizo presente Dios en mitad de ese cambio? ¿Qué aprendiste al aceptar la oportunidad de cambiar?

AVANZA

Querido Dios:

¡Nada se puede comparar contigo! Gracias por quererme tanto que enviaste a tu propio Hijo para que muriera por mí. No puedo alcanzar siquiera a comprender lo que eso significa, pero quiero pasar el resto de mi vida descubriendo más de tu amor y compartiéndolo con todo el mundo.

Muchos aspectos de la vida serían un motivo de preocupación si me regodeara en ellos y permitiera que ocuparan todos mis pensamientos. Ayúdame a llevar cautivos tales pensamientos de ansiedad por el poder de Cristo y descansar en el conocimiento de tu soberanía y tu bondad.

Tanto si he de enfrentarme a pérdidas terribles y pruebas inesperadas, como a momentos peligrosos y traiciones dolorosas, recuérdame que tu amor y tu fuerza me ayudarán a seguir adelante. ¡Te amo, Señor, y no puedo esperar a ver lo que tienes preparado para mí!

En el nombre de Jesús, amén.

AGRADECIMIENTOS

Cuando el Señor plantó la semilla de *Rojo es el nuevo verde*, pensé: *Oh, Dios mío, tengo mucho trabajo por hacer. ¿Quieres que escriba un libro, Señor?* La tarea me pareció intimidante y abrumadora. Sin embargo, sabía que Dios me estaba incitando, porque él ya veía el producto terminado, y eso me animó a tomar lápiz y papel y empezar a escribir.

Mientras lo hacía, el Señor me bendijo con todas las personas que puso en mi camino y me ayudaron a cultivar las palabras hasta que el libro vio la luz. Al principio del proceso, amigos como Karen Williams y Kevin Light me animaron de manera crucial y me brindaron su experiencia editorial. Le estoy muy agradecida también a Dudley Delffs por su asesoramiento, su habilidad con las palabras y por presentarme a mi editor. ¡Gracias, Dudley, eres el MEJOR!

Doy gracias por tener un editor como Joel Kneedler en Emanate. Su apoyo, paciencia y nivel de excelencia significan mucho para mí. También quiero darle las gracias a Janene MacIvor, mi editora en jefe, una mujer que es absolutamente brillante en todo lo que hace. Ella se convirtió en una de mis favoritas durante todo el proceso. Además, quiero darle las gracias a Thomas Nelson por su impresionante atención a los detalles y su dedicación a mi labor de amor. Me siento muy bendecida al poder trabajar con un equipo tan maravilloso.

Mi agradecimiento especial a mi esposo, el amor de mi vida y mi mayor apoyo. Gracias por tu paciencia todas las veces en que he ido escribiendo en el coche, me he escabullido por unos minutos durante las vacaciones y me he quedado despierta hasta tarde para escribir por las noches. Tú me animaste todo el tiempo. Eres de verdad el viento que empuja mis alas, mi mejor complemento y mucho más. Como he dicho muchas veces, cuando nuestro Creador te creó, lo hizo pensando en mí. Así de perfecto eres para mí. ¡Te amo con todo mi corazón y mi cámara (del corazón) extra!

Gracias a mis maravillosos gemelos, Micah y Jemma, que no dejaban de preguntarse si terminaría alguna vez de escribir el libro y cuándo ellos podrían verlo, tocarlo con sus manos y también si alguien lo leería. ¡Ja ja! Son lo mejor que le ha sucedido a su mamá, y la paciencia que demostraron durante el proceso no ha pasado inadvertida para mí. ¡Muac!

Le estoy muy agradecida también a mis padres, Larry y Melanie, y a mis dos hermanas menores, Joffrey y Tessa, que atravesaron muchos de los momentos «rojos» que describo en el libro. Papá y mamá, siempre han estado ahí para animarme en todas las épocas desafiantes de mi vida y les doy las gracias por ello. Ustedes han sido testigos de cómo transformé todos esos momentos rojos en triunfos verdes. ¡Eso es lo que yo llamo una familia!

Una mención especial para las guerreras de mi equipo de oración por haberme ayudado a dar a luz a este libro en el Espíritu. Miriam, hermana Mitchell, hermana Brunt y Becca, son maravillosas. Pasamos mucho tiempo juntas en nuestros refugios de oración y orando cara a cara. No nos olvidamos de reír, llorar, observar y esperar mientras el Señor hacía lo demás. Fuimos testigos de cómo los momentos rojos se volvían verdes ante nuestros ojos. Las quiero muchísimo. Gracias... ¡Muchas gracias!

Gracias a los pastores Sam y Eva Rodríguez por estar siempre dispuestos a ver luces verdes mientras soñaban con respecto a Jim y a mí. Su amistad significa mucho para nosotros y los queremos enormemente. Hemos redefinido el color rojo juntos. ¡Y lo seguiremos haciendo!

Kevin, Roy, Mitch y todas las demás personas que me han acompañado a lo largo del camino... ¡gracias! A aquellos que no he mencionado, porque sinceramente necesitaría un libro entero para incluiros a todos, gracias por su apoyo y amor.

Por último, jamás podría haber escrito este libro sin el apoyo de mi iglesia, el Centro de Oración Eagle's Nest. ¡No me canso de repetirlo: tenemos la mejor iglesia del mundo!

ACERCA DE LA AUTORA

La pastora Elictia Hart y su esposo, el pastor James Hart, son los líderes del Centro de Oración Eagle's Nest, en Omaha, Nebraska, una de las congregaciones más grandes y diversas de la región. Durante casi veinte años, esta oriunda de Seattle recorrió el mundo trabajando como periodista para la CNBC, *Entertainment Tonight*, ESPN y varias cadenas afiliadas. En la actualidad, la pastora Elictia combina su faceta de periodista con su pasión por predicar la verdad de Dios en su programa de televisión *Live Your Journey*, que se televisa en cadenas de ámbito internacional como TBN Salsa y Faith Broadcasting Network (FBN). Además de su calendario de evangelización habitual dentro de Estados Unidos, cada año Elictia acepta múltiples invitaciones para ir a predicar fuera del país. Ha estado en Brasil, Burkina Faso, el Caribe, Hong Kong, Letonia, Nueva Zelanda, Sudáfrica y Zimbawe. Tiene dos hijos gemelos, Micah y Jemma, y vive en Nebraska.